JE NE LÂCHE RIEN !

Philippe Etchebest

JE NE LÂCHE RIEN !

Avec la collaboration de Stéphane Davet

Michel LAFON

118, avenue Achille-Peretti – CS 70024
92521 Neuilly-sur-Seine Cedex

www.michel-lafon.com

Nos erreurs ne viennent jamais de nos faiblesses,
mais toujours de se croire tout-puissants.

Introduction

Il y a deux, trois ans, alors que nous réfléchissions à l'avenir, en évoquant le passé, mon épouse Dominique m'a demandé pourquoi j'avais choisi ce métier de cuisinier. Beaucoup de mes confrères ou des innombrables acteurs de la nouvelle vague culinaire auraient dit « par passion ! » ou par irrésistible « vocation ». Sur le coup, j'étais incapable de lui répondre.

Après réflexion, je dois admettre que je me suis d'abord mis aux fourneaux par facilité. Mes parents étaient restaurateurs, j'étais à l'aise dans cet univers familier, une voie semblait tracée. Mais au fond, je crois que le sport me motivait bien plus que les casseroles.

Ce n'est qu'à 20 ans passés qu'une suite de rencontres, d'expériences, de défis m'a permis d'affiner mon goût et de comprendre la dimension créative que pouvait avoir la cuisine. Autant de paliers qui m'ont aussi fait prendre conscience que je pouvais, dans ce métier, concilier des facettes apparemment contradictoires de ma personnalité. Y exprimer à la fois mon goût de l'engagement physique et de la précision, de l'effort brut comme de la délicatesse, de la performance individuelle comme de l'esprit d'équipe.

Direction de brigades, construction de belles maisons, récompenses étoilées, col bleu-blanc-rouge… Étape après étape, sans calcul à long terme, je me suis fait plaisir en relevant des challenges, excité par la compétition, la pression, la peur de ne pas en être capable. La cuisine qui, adolescent, me semblait rimer avec routine, n'a cessé de m'ouvrir à des mondes multiples, qu'ils soient gustatifs, humains, entrepreneuriaux. Enrichissant ma sensibilité, m'offrant aussi des terrains de jeu inattendus, par le biais de la télévision.

Loin d'être lassé par le métier de cuisinier, je vibre plus que jamais à la perspective d'une nouvelle aventure culinaire. La prochaine débute dans un des lieux mythiques de Bordeaux, cette brasserie du Grand Théâtre, rebaptisée Le Quatrième Mur, où je veux offrir d'autres propositions gourmandes, en phase avec l'épanouissement et la diversité de la ville.

Première partie

À L'ÉCOLE DES CHEFS

– 1 –

Mon père, ce cuisinier

Fils d'agriculteur, ne pouvant reprendre l'exploitation faute d'être l'aîné de ses quatre frères et sœurs, mon père, Jean-Pierre Etchebest, n'a pas eu d'autre choix que de quitter très jeune la ferme familiale de Camou-Suhast pour trouver rapidement le moyen de gagner sa vie. Entré en cuisine à l'âge de 16 ans, il n'en est jamais sorti, ou presque. Enfant, je ne voyais ce Basque taiseux que perpétuellement au travail. Marché dès l'aube, mise en place de ses produits, service de midi, nettoyage de ses fourneaux, puis rebelote le soir... Au point que ma première impression de ce métier a été celle d'un labeur, d'une contrainte, plus que d'un épanouissement. Pourtant, malgré la dureté de la tâche, je pense que la cuisine a rendu mon père heureux. Elle est toute sa vie. D'ailleurs à 75 ans, alors qu'il pourrait se reposer des fourneaux, papa continue de faire des extras, au Foyer Basque ou ailleurs, pour le plaisir. L'arracher de sa cuisine ? Autant forcer un poisson à sortir de l'eau. Il mourra sans doute devant ses feux comme d'autres meurent sur scène.

Comme des enfants de militaire, qui déménagent au rythme des changements de garnison, ma sœur, mon frère et moi avons suivi nos parents au fil des restaurants dans lesquels ils travaillaient. Il faut dire que mon père n'était pas un champion de la stabilité. Les conséquences, peut-être, d'un tempérament sanguin, ou la conviction qu'il ne faut pas s'accrocher quand on ne se sent pas bien à une place et que l'on peut trouver mieux ailleurs. Une attitude que j'ai d'ailleurs faite mienne : se donner à fond quand on est à un poste, mais ne pas hésiter à partir plutôt que de persister dans le mal-être.

Depuis ses premiers pas d'apprenti, en 1957, à l'hôtel Regina d'Hendaye, il a multiplié les expériences et les postes. Un jour commis en maison bourgeoise, à Saint-Cloud, au service de la princesse Georges de Grèce, un autre, second de l'Hôtel de Normandie, à Évreux, où chef, à Paris, de l'Auberge Nicolas Flamel.

Depuis ma naissance, à Soissons, en 1966, j'ai ainsi connu dans mon enfance plus d'une demi-douzaine de déménagements. De La Ferté-Milon, dans l'Aisne, en 1966, où il était gérant de l'hôtel Jean Racine, à sa place de chef, à l'hôtel de La Prune d'or, à Villeneuve-sur-Lot, de 1977 à 1979, il aura aussi exercé à Laon, à Orléans, à Hendaye ou à Haybes, dans les Ardennes, d'où ma mère, Christiane, est originaire. Jusqu'à ce que la famille se pose enfin, en 1979, quand mes parents choisissent de reprendre un restaurant basque, le Chipiron, cours de l'Yser, dans le quartier des Capucins, au sud de Bordeaux, pour en faire leur propre établissement. À 38 ans, mon père avait à cœur de devenir enfin son propre patron.

Si je me sens proche des ambiances du Sud-Ouest, de sa culture rugby, de la diversité de son environnement entre campagne, mer et montagne, et que mon nid est aujourd'hui bordelais, les incessants déplacements de cette enfance mouvementée ne m'auront jamais permis de véritablement m'enraciner. Contrairement à mon épouse, Dominique, très attachée, elle, à sa terre toulousaine. Ce peut être un manque, mais aussi l'une des raisons pour lesquelles je n'ai jamais hésité à vivre de nouvelles aventures quand l'occasion se présentait.

Situé à l'écart des quartiers bourgeois de Bordeaux, dans une artère populaire parsemée de bars louches, le Chipiron était un petit restaurant d'une cinquantaine de couverts, voué aux spécialités basques et à une cuisine traditionnelle. Simple, sans prétention, il a fini par se tailler une jolie réputation, grâce à un grand savoir-faire, mis au service d'une cuisine très goûteuse. Costaud infatigable et de peu de mots, ne laissant jamais apparaître ses émotions – au contraire de ma mère, plus extravertie –, mon père prenait un vrai plaisir à régaler les gens, que ce soit à l'occasion de trop rares repas de famille ou au restaurant.

Tous les matins, il s'approvisionnait aux Capucins, un marché de gros et demi-gros, aux ambiances grouillantes de vieilles halles. Il s'y fournissait en produits frais et de qualité, à la base des plats qui ont fait la petite notoriété de la maison. Chipirons – ou encornets – à la basquaise, cuisinés *en su tinta*, c'est-à-dire « dans leur encre » ; salmis de palombe ; merlu salsa verde – ou koxkera – avec coquillages, asperges et petits pois ; ttoro, la bouillabaisse basque, servie avec filets de poisson entiers, moules et langoustines, qui faisait se déplacer le Tout-Bordeaux…

J'ai personnellement gardé un faible pour ses crêpes soufflées au Grand Marnier. Une tuerie ! Au point de lui en passer commande ces derniers Noël, où je n'ai pas eu, pour une fois, à travailler. La recette lui était venue « accidentellement », après avoir débarrassé par erreur des blancs montés en neige dans un appareil à crêpes. En mélangeant le tout sans trop casser les blancs, on obtient une pâte qui gonfle au contact de la poêle. Les crêpes cuisent dans ce qu'il faut de beurre, avant d'être sucrées et flambées au Grand Marnier. C'est riche, moelleux, gourmand. Je ne m'en lasse jamais ! Mais je n'ai jamais osé en reproduire la formule de peur de ne pas en retrouver le goût.

Si trop de cuisiniers ont tendance aujourd'hui à les oublier par manque de technique ou sous prétexte de diététique, on reconnaît les bons chefs à leurs sauces et mon père est un remarquable saucier. Je me souviendrai toujours de Jean-Marie Meulien, mon chef double étoilé du Clos Longchamp, à Paris, venu un jour manger au Chipiron, me déclarant pendant le repas : « Ton père devrait être dans une grande maison, c'est un vrai grand cuisinier. Quelles sauces ! » Si papa participait à des concours, il n'a pourtant jamais rêvé d'étoiles ou de gloire médiatique. Même s'il m'a un jour avoué à demi-mot que ses obligations familiales ne lui auraient de toute façon pas permis d'avoir d'autres ambitions.

À l'ouverture du Chipiron, mes parents n'avaient pas assez de moyens pour embaucher du personnel. En semaine, ils s'occupaient de tout à deux. J'avais une dizaine d'années, ma sœur, Sophie, un an de moins, et nous les aidions tous les week-ends. Elle, en salle, habillée en petite Basquaise, avec jupette rouge à bandeau noir, chemisier blanc et petit foulard, moi en cuisine, avec la veste blanche réglementaire. Et plus tard mon frère Bernard, le benjamin de la famille, à la plonge. Plus jeune déjà, avant l'installation bordelaise, j'avais régulièrement participé à des corvées de patates. Mais c'est au Chipiron que j'ai appris mes premiers gestes de cuisinier, en montant rouille et vinaigrette, en nettoyant des kilos d'encornets, en préparant la sangria que mes parents offraient à chaque client. Un apéro qui était toujours accompagné d'un pot de rillettes de canard maison. Quand il préparait ses confits, mon père récupérait peau et chairs sur les carcasses des canards. C'était ensuite à moi de les assaisonner, de les hacher, puis de mettre ces rillettes dans les ramequins destinés à chaque table.

C'est aussi dans les cuisines du Chipiron que mon père, bosseur acharné, m'a transmis le goût de l'effort et de la rigueur. Chaque tâche devait être accomplie avec soin et précision, en allant toujours au bout de ce que l'on avait commencé et sans rechigner à la répétition des gestes. Je prenais ses conseils d'autant plus à cœur que ces moments en cuisine étaient une des trop rares occasions de passer du temps avec lui.

Nous les aidions du mieux que nous pouvions, mais à l'adolescence, ce travail du week-end au restaurant prenait plus des allures de corvée. Surtout pour Sophie, qui me rappelait encore récemment avoir été traumatisée par le sifflement que lançait mon père quand il voulait que nous descendions. Même si nous étions au milieu de nos devoirs d'école, pas question d'y échapper. Ils avaient besoin de nous. Nous n'avions pas le choix.

– 2 –

CUISINER OU SORTIR ? IL FAUT CHOISIR !

Au collège, devant mes aptitudes athlétiques et le plaisir que je prenais à jouer au rugby, j'ai un moment espéré me lancer dans une section sport-études. Puis en réfléchissant à la précarité d'une carrière de sportif de haut niveau, soumis à l'incertitude des blessures et des performances, je me suis plus raisonnablement résolu à suivre la logique familiale de la filière « cuisine ».

Par facilité, et sans beaucoup de conviction, je suis donc entré au lycée hôtelier de Talence, au sud de Bordeaux, pour suivre un brevet de technicien hôtelier (BTH), formant à la fois au travail en salle, à celui des cuisines et à la gestion d'un restaurant ou d'une entreprise hôtelière. À 14 ans, j'ai passé le concours de cet établissement considéré comme la meilleure école hôtelière de la région, avec des gars qui avaient beaucoup plus de poils au menton que moi. Baignant dans le milieu de la restauration depuis ma naissance, cet univers m'était plus familier qu'à d'autres élèves, même si cela ne faisait pas de moi un élève spécialement brillant en cuisine. Sous la pression parentale, j'apprenais mes leçons et avais de bonnes notes en enseignement général, alors que je ne faisais pas plus d'efforts que ça derrière les fourneaux.

Je faisais le job. Sans zèle ni perfectionnisme. Propre. Contrairement à quelqu'un comme mon camarade de « Top Chef » Jean-François Piège, qui, au même âge, dévorait les ouvrages culinaires avec une vraie soif de connaissances, j'étais loin d'être porté par une passion de la cuisine. Une fois de plus, le rugby mobilisait beaucoup plus mes ardeurs.

Chaque fin d'année de ce brevet était conclue par un stage de deux mois, sorte de travaux pratiques nous permettant d'être confrontés à la réalité de la vie d'un restaurant. Là encore, je les faisais sans enthousiasme, mais avec sérieux. J'ai passé le premier en salle au Saint-James, à Bouliac, dont les cuisines étaient dirigées par Jean-Marie Amat, qui, en ce début des années 1980, était la star de la cuisine bordelaise. Magnifiquement perché au-dessus de la Garonne, ce restaurant deux macarons – que reprendrait plus tard mon ami Michel Portos – était prestigieux, mais je n'étais pas assez impliqué pour m'en apercevoir.

En fin de seconde année, mon envie de travailler au bord de la mer – comme l'avaient fait beaucoup de mes copains – m'avait fait postuler chez Jean-Pierre Caule, Au bon coin du lac, une table étoilée de Mimizan-Bourg, dans les Landes. L'océan n'avait beau être qu'à 5 kilomètres, je n'ai jamais pu en profiter tant les journées en cuisine étaient intenses. Assez loin de ce qu'impose aujourd'hui le droit du travail, elles commençaient à 7 heures du matin pour se finir après minuit, avec seulement une heure de pause.

Les heures de sommeil étaient d'autant plus courtes que nos virées nocturnes d'après boulot étaient systématiques. Ce stage me donnait pour la première fois l'occasion de quitter mes parents et la sévère discipline paternelle. Sans bride sur le cou, et avec une bande de potes à portée de mains, impossible de ne pas en profiter. À 7 heures, tous les matins, Jean-Pierre Caule, un fou de travail, brailleur mais adorable, accueillait nos mines de déterrés : « Vous avez encore la myxo ce matin ? Vous êtes encore sortis ? » La fine équipe avait ensuite droit à des engueulades jusqu'au service, même si le chef m'avait plutôt à la bonne. Jusqu'à ce que je sorte une fois de trop.

Avec mes copains, Totor et Max, nous avons eu, en effet, la riche idée d'aller faire la fête à Dax une veille de 15 août et de ce qui était traditionnellement, pour le restaurant, la plus grosse journée de l'année. Nous partons tous les trois après le service, arrivons à Dax vers 1 heure du matin, en profitons jusqu'à 4 heures, en tâchant tout de même de ne pas abuser des bières et des pastagas.

Sur le chemin du retour, cela n'empêche pas Totor de s'endormir au volant, de tracer tout droit dans un virage et de taper dans un mur. Nous ne roulions pas beaucoup plus vite que 70 km/h, mais mes deux camarades, à l'avant, sont restés inconscients quelques minutes. J'étais assis à l'arrière, sans être attaché, ma tête a heurté l'appui-tête et mon genou gauche a violemment cogné le siège. Je suis sorti en panique, l'arcade éclatée et incapable de me tenir debout.

Une fois sur place, la police a finalement pu constater qu'il y avait eu plus de peur que de mal. Totor échappant au pire, après un contrôle négatif d'alcoolémie. Le plus dur étant de prévenir Jean-Pierre Caule que deux personnes en cuisine et une en salle manqueraient à l'appel pour l'énorme coup de feu du 15 août. Et bien sûr de l'annoncer à mes parents.

Arrivé en train à Bordeaux, j'ai marché sur une jambe de la gare au Chipiron, perclus de courbatures. En voyant ma tête au carré, ma mère s'est mise à pleurer, et je leur ai fait croire que l'accident avait eu lieu l'après-midi. Jusqu'à ce que mon père me réveille le lundi matin avec à la main le rapport du médecin qui indiquait 5 heures… Je me suis pris une de ces charges ! Avec ordre de repartir dès le lendemain au boulot. « Mais papa, j'ai trop mal au genou ! »

Plutôt que chez le médecin, il m'a traîné voir un rebouteux. Le type avait l'air d'un gnome. Il m'a mis sur le ventre, m'a plié la jambe jusqu'à ce que je tombe quasiment dans les pommes et m'a donné des plantes à mettre en compresse. Je suis reparti trois jours plus tard à Mimizan vivre une fin de saison cauchemardesque. Il m'a ensuite fallu presque une année de rééducation pour guérir ce genou et rejouer au rugby.

Cette période de dévergondage – surtout consacrée au sport et aux copains – n'a bien sûr pas été profitable à mon année scolaire. Moi qui avais jusque-là régulièrement reçu les encouragements de mes professeurs, je ratai l'examen final et dus redoubler mon année. L'accueil reçu par moi et mes potes – tous recalés – a été salé. « Bande de cons, il y aurait eu une option baby-foot, vous l'auriez eu votre examen ! », a hurlé mon père avant une interminable leçon de morale.

Inutile de dire que l'année suivante fut beaucoup plus studieuse. On tapait dedans, ça bossait. Et on a réussi le brevet sans problème. Après une saison à La Baule, je suis rentré à Bordeaux, travailler avec mon père.

Les conseils du chef

Pas de passion, pas de choix, et alors ? Faites-vous plaisir !

J'ai coutume de dire que je ne suis passionné de rien mais que j'aime tout. Et tout ce que je fais, j'essaie de le faire bien. Je le fais avec cœur et beaucoup de sincérité.

Je dis souvent aux jeunes cuisiniers que je forme : « Soyez égoïstes : faites-vous plaisir d'abord, et vous ferez plaisir aux autres. » Si on se fait plaisir en cuisinant un plat, on fera forcément plaisir à celui qui le mangera, le plaisir est communicatif.

Le plus beau compliment qu'on m'ait fait au restaurant, c'est de me dire : « On sent dans votre cuisine que vous vous amusez, que vous vous faites plaisir. » Ça pour moi, c'est un beau compliment !

Ne vous fiez pas à la passion qu'on vend à toutes les sauces, le plaisir et la fierté de soi peuvent tout simplement naître du travail bien fait.

Tout le monde ne fait pas le métier de ses rêves, et même pour ceux pour qui c'est le cas, la réalité peut être très éloignée de leurs aspirations. Alors que faire ? Se lamenter, ne voir que la difficulté de ce que l'on vous demande ? Non ! Faites face et remontez-vous les manches : pour s'en sortir et s'épanouir, rien de tel que d'être bon, très bon, excellent.

De l'acquisition et la maîtrise de compétences naîtra votre satisfaction.

Une fois que vous vous serez fixé un objectif réalisable, un projet précis, n'hésitez pas à choisir et rechercher les expériences professionnelles susceptibles de vous aider à les atteindre.

– 3 –

PREMIERS PAS DE PRO

Mes vrais premiers pas professionnels, je les fais avec mon père, en retournant travailler à ses côtés, en 1985, cours de l'Yser. Si papa était sévère quand j'étais enfant et adolescent, sa dureté ne s'exprime plus de la même façon quand je le rejoins en cuisine. Certes, il est toujours aussi exigeant et peu bavard, mais il ne me surveille plus comme un ado à qui il faut serrer la vis. Comme si mon diplôme me permettait d'accéder à un cercle jusque-là fermé, il me fait confiance et accepte mes initiatives.

La seule fois où je l'entends élever la voix contre moi au Chipiron, c'est parce que je ronchonne à propos de clients qui arrivent en retard. Je sors beaucoup à l'époque et ne suis pas très frais. Il hausse le ton et ça suffit vite à me calmer. Son autorité naturelle continue de m'en imposer. J'aimerais en revanche qu'il reprenne plus souvent ma mère et ma sœur qui travaillent en salle.

Est-ce parce que mon passage au lycée hôtelier m'a rendu plus exigeant ? J'ai du mal à supporter ce duo de râleuses, facilement dans l'excès et la critique, et je me frite régulièrement avec elles. Mon père, lui, ne leur dit rien, et compte sur moi pour faire la police.

Je me fonds d'abord dans le répertoire paternel de plats traditionnels et de spécialités basques. Je n'ai pas d'ambition culinaire particulière, si ce n'est de bien faire mon travail. La pâtisserie est sans doute le premier domaine où je m'implique davantage. Mon père n'a jamais aimé cuisiner le sucre et est ravi que je me charge des desserts. Adolescent, c'est déjà moi qui m'occupais de la forêt-noire, sans doute le premier gâteau que j'ai préparé pour le restaurant : une génoise au chocolat farcie de crème fouettée et de bigarreaux kirshés, masquée de chantilly et de copeaux de chocolat. Un classique aussi beau que bon. Bientôt secondé par un apprenti, je me charge de tout le chariot de pâtisseries : forêt-noire, donc, mais aussi gâteau au chocolat, roulé au citron, tartelettes et tout un tas de mignardises, truffes, oranges confites…

J'adore manger des desserts, mais ce travail du sucre m'attire aussi par sa méticulosité. J'ai beau avoir un côté brut et un besoin intense de défoulement physique, qui à l'époque s'incarne dans le rugby, je peux aussi cultiver un goût de la précision qui, avant de me servir en pâtisserie, m'a fait aimer le modélisme.

Dès l'âge de 10-11 ans, j'ai en effet construit quantité de maquettes d'avions ou de bateaux, de marque Matchbox® ou Airfix®, du simple Spitfire au cuirassé plus complexe. Des années après avoir arrêté, je m'y suis remis quand des amis ont offert à Charles, mon beau-fils, un magnifique bateau en bois, trop complexe à assembler pour son jeune âge. Pendant plusieurs jours, je n'ai pas pu m'empêcher de monter et fignoler cette maquette, m'y attaquant après le service, jusqu'à 3 heures du matin. L'occasion de retrouver les mêmes sensations que durant mon enfance. Une façon de me vider la tête avec quelque chose de précis et délicat. Une délicatesse qui, en cuisine, s'exprimait pour la première fois grâce aux gâteaux et aux mignardises.

À mes débuts au Chipiron, je n'ai aucune notion de ce que peut être la création en cuisine. Les stages que j'ai suivis pendant mes études ne m'ont pas beaucoup fait avancer en termes de goût et d'innovation. Ce sont ceux auxquels je postule quand je commence à travailler avec mon père qui vont me faire évoluer.

L'été étant plus calme pour notre restaurant bordelais, j'en profite pour passer deux mois dans des lieux où la haute saison touristique pousse à l'embauche de stagiaires. Non rémunérés, ces stages n'en sont pas moins essentiels à mon perfectionnement.

Je fais le premier d'entre eux en 1986, chez Firmin Arrambide, à l'hôtel-restaurant Les Pyrénées, un deux étoiles de Saint-Jean-Pied-de-Port. Firmin travaille une cuisine généreuse, avec de beaux produits, d'un classicisme qui me paraît de toute façon plus moderne que ce que nous faisons au Chipiron. Le décalage est marquant en termes de présentation dans les assiettes, par exemple, de terrine de cèpes ou de lapin farci, et d'utilisation d'ingrédients comme le caviar ou la truffe qui, à cause de leur coût, n'ont pas droit de cité chez nous. Je prends aussi conscience de la différence qu'il y a entre être à deux aux fourneaux et une quinzaine en brigade. La répartition des tâches par poste permet au restaurant gastronomique une précision, une complexité, un raffinement, beaucoup plus difficiles à gérer quand on doit s'occuper de tout en même temps.

Pour la première fois, je commence à vraiment me concentrer sur le métier de cuisinier. Je prends tout en notes et je ramène de nouvelles idées à adapter dans le restaurant familial (comme le lapin farci de Firmin Arrambide ou sa terrine de fruits), où mon père les accueille avec un surprenant esprit d'ouverture. Au Chipiron, l'introduction des mignardises, ces petits-fours présentés en prélude ou conclusion des desserts, a ainsi suivi mon passage comme stagiaire chez ces tables étoilées. Mon palais est encore frustre. Je l'affine un peu l'année suivante, lors d'un autre stage à Tours, chez Jean Bardet, un des personnages marquants de la cuisine des années 1980 et 1990.

Ce chef, qui avait été nommé « cuisinier de l'année » par Gault & Millau en 1985, venait d'emménager au Château Belmont, une magnifique demeure entourée d'un immense jardin dans lequel il avait planté un grand potager. Une particularité qui permettait à Bardet d'être l'un des premiers cuisiniers, en précurseur d'Alain Passard, à donner une large place aux légumes. Également très amateur du sang de la vigne, ce jouisseur de la vie pouvait aussi se mettre à jouer du clairon en cuisine – et ce n'est pas une blague – quand il avait fait honneur aux vouvray, montlouis et autres vins de la région.

Autre étape importante de ma progression, les deux mois que je passe l'année suivante chez Jacques Chibois, alors chef double étoilé du restaurant gastronomique du Gray d'Albion, à Cannes. À la tête de cette grosse machine, ce disciple de Michel Guérard – pionnier trois étoiles de la « cuisine minceur » – est alors l'un des cuisiniers les plus en vue de la Côte d'Azur. Pendant les coups de feu, il hurle tellement ses ordres, commandes et remarques, qu'il n'a plus de voix en fin de service. Le type se révèle pourtant adorable, cultivé et très accessible.

Alors que je ne suis que stagiaire, il parle souvent avec moi et essaie de me convaincre de quitter le cocon familial. « Il faut que tu bouges ! Je vais t'envoyer chez mon ancien chef Jean-Marie Meulien, au Clos Longchamp, le restaurant de l'hôtel Méridien, à Paris. » À mon retour à Bordeaux, j'en parle à mon père. Cela me fait mal au cœur de le laisser. « Qu'est-ce que t'en penses ? » « Pars, bien sûr. Va-t'en. » Je suis donc parti à Paris, pour une rencontre qui allait changer mon destin de cuisinier.

Les conseils du chef

Ce qu'on apprend de ses années de formation, quel que soit le secteur d'activité

– La vertu du modèle et du formateur.

– La vertu de l'exemple et de la répétition du geste.

– La rigueur et la précision.

– La polyvalence.

– La prise d'initiatives adaptées et les responsabilités.

– En répétant, en s'entraînant, on se découvre vite des aptitudes. Moi, par exemple, cela a été la pâtisserie.

– Faites feu de tout bois et de tous les conseils. Nourrissez-vous, absorbez tout ce que vous pouvez de vos aînés, cela peut même être l'occasion de tisser des liens privilégiés avec eux !

– 4 –

Le saut dans l'inconnu

Un stimulant formateur

Je ne connaissais rien de Paris quand j'y débarque en 1988, à 22 ans, pour travailler au Clos Longchamp, sur les recommandations de Jacques Chibois. J'ai adoré cette ville. Dieu sait si les clichés sur le stress, la saleté, la foule, la pollution de la capitale effraient nombre de provinciaux. L'intensité parisienne était faite pour moi. Métro, boulot, sport, boulot, dodo. En malade du speed, ce rythme me convenait parfaitement. J'y ai passé quatre belles années.

*

* *

Les premières semaines, je dors chez des amis de mes parents qui habitent rue d'Orsel, entre Montmartre et Barbès. Un quartier grouillant, pittoresque, populaire. Le soir, on m'aménage des coussins dans un bureau en guise de lit. Chaque matin, je fonce porte Maillot où se déploie, en longueur, l'hôtel Méridien, qui abrite le restaurant du Clos Longchamp.

Quand, à Cannes, Jacques Chibois (aujourd'hui propriétaire de la magnifique Bastide Saint-Antoine, à Grasse) m'a parlé pour la première fois d'une place possible de demi-chef de partie au restaurant du Méridien, j'ai tiqué. Cet hôtel appartenait pour moi à une chaîne sans âme, qui ne pouvait être synonyme de gastronomie. Une crainte confirmée à mon arrivée, tant j'ai l'impression de pénétrer dans une usine à gaz. Avec ses 1 100 chambres, le lieu est à l'époque un des plus grands hôtels d'Europe. D'ailleurs, à peine m'attribue-t-on un casier que je me perds dans les dédales d'un immense vestiaire.

Je m'aperçois pourtant rapidement que le Clos Longchamp est comme une oasis au cœur de cette énorme machine. Le chef Jean-Marie Meulien y impose sa personnalité, son mode de fonctionnement, sa quête d'excellence, en toute indépendance des autres services de restauration de l'hôtel.

Avant cela, Meulien a été le pilier d'une autre Oasis. C'est ainsi qu'est baptisé le restaurant mythique de la petite ville de La Napoule, près de Cannes, où il a travaillé pendant près de quinze ans au côté de Louis Outhier, un ancien de chez Fernand Point, devenu une des légendes de la gastronomie française en mariant le classicisme français aux produits de la Méditerranée et aux épices du monde. C'est là que Meulien a peaufiné son palais, un des plus fascinants que j'ai rencontrés.

Passionné de voyages et de cuisines exotiques, Jean-Marie Meulien maîtrise comme peu d'autres épices et tours de main du monde entier. Le chef du Clos Longchamp est d'ailleurs l'un des premiers cuisiniers français à aller régulièrement s'approvisionner dans les épiceries du Chinatown du 13e arrondissement. C'est ainsi qu'il a élaboré un de ses plats signature, la « langouste thaï », que Michel Guérard lui-même, le pionnier trois étoiles de la « cuisine minceur », était venu déguster en nous demandant la recette.

La langouste était revenue au beurre avec un mélange d'herbes et d'épices thaïlandaises, puis déglacée au sauternes. La réduction obtenue était montée au beurre, puis à la crème fouettée, avec un trait de Malibu au départ du plat qui était accompagné de pommes fruits, de petits légumes et d'herbes thaïes. Une explosion de parfums !

Quand j'arrive au Méridien, ce monde gustatif m'est totalement inconnu. Ma notion des épices, par exemple, se limite quasiment au piment d'Espelette, aussi basique dans le Sud-Ouest que le sel et le poivre. Travailler au contact de Jean-Marie Meulien va m'ouvrir un monde nouveau et me révéler à moi-même. J'étais gourmand certes, mais mon palais était limité. Au Clos Longchamp, je commence à élargir la palette de mes goûts, j'apprends les équilibres et les mariages de saveurs, je recherche des sensations que je ne connaissais pas auparavant.

Je m'aperçois que je développe ma mémoire gustative, que j'acquiers un vocabulaire qui me permet de décrire et formuler les subtilités d'une association ou d'un plat. J'ai l'impression de m'enrichir, de m'affiner. Moi le rugbyman et futur boxeur, je me découvre un côté délicat. Je savais déjà que j'aimais la précision – comme dans le modélisme ou la pâtisserie –, je commence à comprendre ce que peut être la finesse.

Indéniablement, cette étape parisienne est pour moi un vrai départ en cuisine. Si Jean-Marie

Meulien est un tel déclencheur, c'est qu'il me donne rapidement des responsabilités. Une brigade de restaurant gastronomique se décompose en de nombreux postes correspondant aux différentes « parties », ces petits départements spécialisés chacun dans une discipline comme les entrées froides (le garde-manger, qui s'occupe aussi de pourvoir les autres parties en marchandises prêtes à la cuisson), les sauces et plats en sauce (le saucier), la viande (le rôtisseur), le poisson (le poissonnier), les légumes, potages et accompagnements (l'entremétier), le pâtissier et le boulanger. Sous les ordres du chef de cuisine, le chef de partie prend en charge les réalisations qui relèvent de sa spécialité et peut manager un demi-chef de partie et des commis. Il travaille constamment à l'amélioration de ses préparations et participe à l'élaboration des nouvelles recettes.

Jean-Marie Meulien m'embauche d'abord comme demi-chef de partie. Puis me nomme chef de partie six mois plus tard. J'ai fait à l'époque tous les postes et m'épanouis particulièrement au « chaud », là où se préparent le poisson, la viande et les sauces, des secteurs au cœur de l'action du repas gastronomique.

Encore six mois et le chef me propose la place de second ! L'offre me donne le vertige car j'ai l'impression de manquer cruellement d'expérience, surtout dans une brigade où d'autres ont dix ans de maison. Je demande conseil à mon père. Il parle peu, mais son avis a le poids de son vécu en cuisine. « Vas-y ! Lance-toi ! » La fameuse petite boule au ventre, qui revient à chaque nouveau défi, m'a toujours plus motivé qu'elle ne me paralyse.

« OK chef, j'accepte ! Mais il faudra l'annoncer aux autres. » « Tu te démerdes », me répond Meulien. Pas simple d'imposer son autorité à une équipe qui peut voir d'un mauvais œil un petit jeune qui brûle les étapes. J'avoue que l'épreuve aurait sans doute été plus difficile si j'avais été maigrichon et tordu. Dans un premier temps, je compense mon manque d'expérience par ma présence physique. Mais la prestance et la force ne suffisent pas à tenir une cuisine. Les atouts principaux restent les compétences et la crédibilité.

Or le jeune Basque venu du petit restaurant familial bordelais nourrit encore des complexes par rapport à ce monde de la haute gastronomie et au manque de connaissances qu'il en a. Pour ne pas être pris en défaut, je vérifie constamment auprès du chef l'exactitude de ce que je suis censé transmettre en termes de recettes et certains basiques culinaires que je ne maîtrise pas forcément. Qu'est-ce exactement qu'une panade (une pâte constituée de beurre, de sel, de farine, cuite dans de l'eau ou du lait) ? Une genevoise (un fond de poisson au vin rouge) ? Comment prépare-t-on précisément un lièvre à la royale ? Surtout, je m'engage à fond dans le travail. Car rien ne remplace la valeur de l'exemple et je ne conçois pas de donner des directives si je ne les maîtrise pas moi-même. N'ayant jamais eu un tempérament à rester le nez dans les livres, il me faut du concret, de constants travaux pratiques. Je m'attache par exemple à réaliser tous les plats pour qu'aucun n'ait de secret pour moi et que mes directives soient le plus précises possibles quand il s'agit de gérer l'équipe. Je bosse comme un âne.

*

* *

La tension est à son comble chaque fois que Meulien décide de changer entièrement sa carte, à l'arrivée d'une nouvelle saison. Il s'agit d'être en phase avec les produits quand ils sont à leur apogée, mais aussi de sortir de la routine. En faisant évoluer ses menus et ses recettes, le chef prouve sa créativité, aiguise la curiosité des clients et motive ses équipes. Jean-Marie Meulien conçoit les plats et nous donne des fiches techniques. À nous de les reproduire. Un exercice d'autant plus complexe qu'une fois encore, je n'ai pas l'habitude de ce mode de fonctionnement. Difficile de jouer une partition quand on n'a pas assez pratiqué le solfège. « Chef, c'est quoi le canard rôti au sésame, pommes Darphin et citron vert ? » « Eh bien, un canard rôti, avec du sésame, des pommes Darphin et du citron vert. » « Oui, mais… » Si les quantités figurent sur les fiches, les directives sont minimales en termes de réalisation des plats.

J'apprends ainsi à être encore plus réactif, à m'adapter aux désirs du chef. Mais j'hésite au début à prendre des initiatives créatives. Sans doute parce que je me considère encore en apprentissage. Or un second doit aussi pouvoir amener sa patte. À l'époque, mon point fort est d'abord l'efficacité. Je fais vite et bien, avec un engagement intense. Ne serait-ce que pour avoir le temps, ensuite, de profiter de ma coupure et d'aller faire du sport.

L'efficacité est une qualité précieuse au Clos Longchamp, où en une heure, au déjeuner, on peut envoyer 60 à 70 couverts. Ça dépote grave ! On joue sans filet. Particulièrement lors de ces fameux changements de carte. Car une brigade de gastro est une mécanique de précision dont les rouages que sont les postes doivent se coordonner pour que les assiettes sortent dans le bon tempo et ressemblent à ce qu'a imaginé le chef.

À l'annonce du bon de commande par le maître d'hôtel, par exemple « un foie gras et une salade de crevettes, devant un canard et un rognon », chacun doit régler sa petite horloge intérieure pour que les plats arrivent, à la minute près, à la réclame, le moment où les serveurs emportent les assiettes. Des amuse-bouches au dessert, tout va très vite, tout en visant l'excellence. La réussite repose sur un système de communication permettant d'envoyer les informations nécessaires aux cuisiniers pour qu'ils aient tout en tête.

La pression est énorme, mais je gagne le combat du stress avec le travail que je fournis et la satisfaction de le faire de mon mieux. Chaque service ressemble à une compétition, à un match qu'il faut gagner en équipe. Ce n'est pas pour me déplaire. Il faut que je sois à la hauteur des responsabilités que m'a confiées Jean-Marie Meulien. En 1990, le Clos Longchamp devient le premier restaurant de chaîne d'hôtels à recevoir deux étoiles Michelin. Une récompense pour le chef et toute l'équipe. Le signe aussi pour moi que mon investissement a payé et qu'ici, je passe un gros palier.

Les conseils du chef

Débarrassez-vous de vos peurs, elles vous paralysent

Entreprendre, c'est aussi ne pas avoir peur de l'inconnu !

Anticiper et calculer les risques ne signifie pas pour autant n'en prendre aucun.

L'immobilisme est un renoncement pour moi, se contenter du nécessaire, c'est survivre, et survivre, c'est quelque part être en sursis.

Deuxième partie

TOUT CE QUE NOUS POUVONS DÉSIRER, IL NOUS FAUT LE GAGNER

– 5 –

Bêtes de concours

La soif de gagne

Si l'ambition de mon père ne s'exprimait pas, au Chipiron, autrement que dans son désir de faire bon, cet excellent chef aimait sortir de la cuisine quotidienne en prouvant sa technique hors pair dans des concours. Il avait participé à beaucoup d'entre eux (tel le prestigieux prix Taittinger) et avait gagné plusieurs trophées.

À chaque fois, le principe est à peu près le même. Les cuisiniers inscrits pour le concours ou sélectionnés arrivent avec leurs produits et disposent d'un temps imparti – généralement entre trois et quatre heures – pour réaliser un ou des plats liés à une thématique, qui sont ensuite évalués par un jury de professionnels. Les lieux les plus courants de ces concours sont des foires-expositions, où les cuisiniers travaillent sur des stands montés pour l'occasion, ou des lycées hôteliers, où les candidats s'installent aux postes de cuisine de l'école.

En 1983, papa avait triomphé au concours d'Exp'Hôtel à Bordeaux, Salon renommé de l'hôtellerie, de la restauration et des métiers de bouche, avec un bar farci aux langoustines dont j'avais élaboré la méticuleuse décoration. J'avais pour l'occasion taillé un moulin dans du pain de mie que j'avais ensuite frit à la friteuse. Le toit du moulin, ses portes et ses ailes avaient été dessinés avec un fer chauffé à rouge et j'avais minutieusement entouré l'édifice d'une clôture faite de poteaux en pain et de chaînettes en pommes de terre.

J'ai vite pris l'habitude d'accompagner papa dans ces joutes culinaires. Je l'aidais souvent comme commis, en prenant aussi la responsabilité des détails de présentation et de finition, un travail de précision dont il n'aimait pas se charger, mais où je me distinguais. J'étais heureux de me retrouver au côté de mon père et j'aimais ces ambiances qui correspondaient parfaitement à mon goût de la compétition.

J'ai terminé second de mon premier concours, le championnat de France du Dessert organisé en 1984 à Chamalières par le Centre d'études et de documentation du sucre (CEDUS). J'avais 17 ans et j'étais encore élève de l'école hôtelière. Un peu plus tard dans l'année, j'ai participé à celui d'Exp'Hôtel, où mon père avait concouru en catégorie pros. Je m'étais inscrit en catégorie « amateurs », mais devant mes compétences qui trahissaient mes études à l'école hôtelière et les habitudes du travail en restaurant, le jury m'avait classé « hors concours », pour ne pas faire d'ombre aux cuisiniers du dimanche. Il m'avait aussi sélectionné d'office pour le concours « pros » de l'année d'après.

Le thème de cette édition 1984 était comme par hasard « Sport et gastronomie ». Inutile de vous dire que l'inspiration m'était venue sans problème. En bon rugbyman, j'avais proposé un bar Grand Chelem. Le poisson, accompagné d'une mousse de homard, était présenté sur un petit terrain décoré des écussons des cinq nations du tournoi. Un sacré boulot à réaliser en seulement quatre heures !

Avec le recul, cela m'amuse de constater que les jeunes cuisiniers que je repère aujourd'hui dans « Objectif Top Chef », pour les intégrer à une émission où concourent des professionnels, reproduisent d'une certaine façon mon propre parcours. Sauf que je n'évoluais pas, alors, sous l'œil des caméras de télévision. Un public assistait, en revanche, à ces compétitions. Et je dois dire que la présence de spectateurs ne me dérangeait pas.

J'aimais même leur contact, blaguer avec eux. Jusqu'à me laisser aller, parfois, à trop de décontraction. Je me rappelle avoir fini deuxième, une année, pour avoir pris cinq minutes de retard à trop faire le spectacle. J'avais reçu de mon père une de ces avoinées qui m'a mis un peu de plomb dans la tête !

C'est d'ailleurs parmi ce public, lors du concours Exp'Hôtel 1986, que j'ai croisé pour la première fois celui qui allait devenir mon grand ami, Michel Portos. Même si, étrangement, Michel figure avec moi sur une photo prise au moment de la compétition (que j'avais d'ailleurs remportée), nous ne nous étions pas parlé ce jour-là. Ce n'est que quelques semaines plus tard qu'une copine commune nous a présentés. Beaucoup de choses nous séparaient, lui le Marseillais cérébral, moi l'instinctif, mais ces différences (et des goûts communs pour la moto, la plongée sous-marine, les bonnes tables...) n'ont cessé, jusqu'à aujourd'hui, de nourrir nos discussions et notre amitié.

J'ai continué, régulièrement, à assouvir mon goût de la compétition culinaire, en m'approchant en particulier du monde du vin, que je connaissais mal, mais pour lequel je me suis découvert des affinités qui allaient compter plus tard, au moment de mon installation à Saint-Émilion, en 1995. En 1989, j'ai ainsi gagné le concours Minervois-jeune cuisine, présidé cette année-là par Joël Robuchon, où il s'agissait de marier un plat avec un vin du Minervois, une appellation du Languedoc-Roussillon aux rouges charnus.

En 1993, c'est à nouveau en réfléchissant à un accord mets-vin (cette fois, un côtes-du-rhône), avec un complice sommelier, Patrick Guiral, qui, à l'époque, travaillait avec moi aux Jardins de l'Opéra à Toulouse, que nous avons décroché le prix international Paul-Louis Meissonnier. Un travail d'équipe qui rendait ce succès encore plus savoureux.

En 1999, alors que mes premières places de chef m'ont un peu éloigné des arènes des concours, l'ami Michel Portos, tout juste installé dans son restaurant Côté Théâtre, à Perpignan, me propose un nouveau défi : « Tu veux pas qu'on tente le

MOF, l'année prochaine ? » « Si tu veux », lui ai-je répondu sur un ton de « même pas peur » qui ne correspondait pas tout à fait à la réalité.

– 6 –

Le grand défi du « MOF »

Tout donner pour ne rien regretter

Avant que Michel Portos me lance ce défi, j'avais longtemps rayé le concours du Meilleur Ouvrier de France de ma mémoire. Plus jeune, lors d'un Exp'Hôtel que j'avais remporté, un de mes professeurs m'avait déjà suggéré de m'attaquer un jour au col bleu-blanc-rouge. Mais même pour un ado habitué, comme moi, à foncer tête baissée, ce sommet du savoir-faire culinaire paraissait inaccessible. Le MOF me filait la frousse, je m'interdisais d'y penser, au point même d'oublier qu'il pouvait exister.

Plus de quinze ans après, je dis « Banco ! » avec un poil d'inconscience, mais aussi plus de recul et d'expérience. À 33 ans, je dirige depuis quatre ans les cuisines du Grand Barrail, à Saint-Émilion, une belle maison où je commence mon ascension de chef. Je n'ai pas encore connu la récompense de l'étoile, mais en cette année 1999, le guide *Gault & Millau* vient de me désigner « Grand de demain ».

Pour autant, l'idée du concours ne me serait sans doute pas venue à l'esprit sans l'ami Michel. Je lui ai répondu oui, un peu par bravade, mais une fois que je me suis engagé, j'y suis allé à fond, sans rien lâcher.

Créé en 1936, le concours de l'« Un des Meilleurs Ouvriers de France pour les métiers de bouche » a alors lieu tous les trois ou quatre ans et se divise en deux épreuves : demi-finales et finale. En 2000, près de 750 chefs se sont inscrits pour s'affronter, en mars, dans différentes régions, pour les demi-finales. Tous doivent reproduire, avec le maximum de précision, deux plats du répertoire classique. Ils sont jugés par un jury d'une vingtaine de cuisiniers, dont plusieurs meilleurs ouvriers de France, répartis entre « jury cuisine », notant les candidats dans le feu de l'action, et « jury dégustation », évaluant chaque plat dans une dégustation à l'aveugle.

Quelques semaines avant l'épreuve, Michel et moi montons à Paris pour aller chercher les sujets de la session à la Sorbonne. Au programme : Sole André Moreau et Soufflé de poires en croûte. La sole doit être levée en filets, farcie d'une duxelle sèche de champignons et glacée. Le soufflé consiste en une pâte sèche de 4 centimètres de hauteur pour 20 centimètres de diamètre. Il est garni d'une marmelade de poires, de poires en dés et d'un appareil à soufflé qui doit lever 5 cm au-dessus de la pâte sèche. Deux plats hypertechniques et précis, qui ne sont pas pour me déplaire.

À la maison, je me plonge dans *Le Guide culinaire* d'Auguste Escoffier, incontournable Bible de ce répertoire, élaboré à l'aube du XXe siècle par ce chef mythique, devenu le premier ambassadeur de la gastronomie française à travers le monde. Des recettes qu'il ne faut tout de même pas oublier d'adapter. Le dosage de sucre dans les desserts de l'époque rendrait diabétique la plupart de nos contemporains !

Je me programme une demi-douzaine d'entraînements pour répéter les plats et les sortir dans les temps (trois heures trente d'épreuve) avant la compétition qui, pour nous, aura lieu à Toulouse. Pas mécontent de mes premiers essais, je me laisse ensuite prendre par l'effervescence qui entoure cette demi-finale. Le MOF crée une vraie émulation. Tout le monde s'appelle pour échanger conseils et informations. « Comment as-tu fait ? » « J'ai entendu dire que… » Jusqu'à compliquer les choses plus qu'à les éclaircir.

À ce régime, les réussites de mes premières tentatives finissent par se transformer en gros ratages. Ainsi l'appareil à soufflé de ma tarte refuse de monter, alors qu'il le faisait parfaitement avant. Je choisis donc de ne plus décrocher mon téléphone et de faire les choses comme je les sens. Je me rode dans les cuisines de Saint-Émilion, avec Fred, mon second, comme seul aide et conseiller. Jusqu'à une dernière répétition, en conditions réelles de concours.

Le jour J, je me sens prêt et finalement tellement à l'aise en cuisine, que j'en deviens trop relax. Ma décontraction passe pour de l'arrogance. Peut-être était-ce un moyen pour moi d'évacuer le stress, mais mon comportement déplaît. À tel point qu'un chef, membre du jury, me téléphone le lendemain et me le fait savoir. « Tu passes pas. T'as fait le con en cuisine. En plus, ton poste était dégueulasse et ta sauce sole sentait l'ammoniaque ! »

Ma mâchoire se crispe. « Je faisais le con ? Oui, possible. Mon attitude a déplu ? Certainement.

Que mon poste soit dégueulasse… Si tu le dis. Mais que ma sauce sole sente l'ammoniaque. Là, je te dis non. Impossible ! » « On me l'a dit. » « Non, je suis sûr de ça ! »

Les résultats tombent trois ou quatre semaines plus tard. Un pote m'appelle, Franck Pétagna, à l'époque second de Jean-Marie Gautier : « Philippe, c'est génial, on va tous les deux en finale ! » Une heure après, coup de fil du chef – dont je tairai le nom – qui m'avait cassé. « Bonjour Philippe, tu as les résultats ? » « Non. » « Eh bien, tu vas en finale. » Silence. « T'es pas content ? », s'inquiète-t-il. « Tu ne m'avais pas dit que je n'y allais pas ? » Lui, mielleux : « Je n'ai pas dit ça. Tu vas voir, c'est une super expérience. Observe comment ça se passe, imprègne-toi. Tu sais, moi j'ai passé trois fois le concours avant de devenir MOF. Ça se fait progressivement. » Moi, sec : « Écoute, je vais en finale pour gagner. Pas pour observer, ni faire un entraînement. Au revoir. »

Avant de voir si je suis à la hauteur de mon assurance, je dois régler des problèmes de santé. Quelques mois avant les demi-finales, mon épouse, Dominique, avait entendu mon cœur s'emballer. Ben, mon prof de boxe, avait fait le même constat en prenant mon pouls avant et après l'effort, pendant un entraînement. Quelque chose clochait avec mon palpitant. Après examen, les médecins ont constaté que je souffrais d'extrasystoles, un trouble du rythme cardiaque.

On me propose de prendre des cachetons tout le restant de ma vie. Je n'en ai aucune envie. « Vous ne pourriez pas plutôt m'opérer ? » « Si, mais cela ne se fait pas comme une appendicite. » « Allez-y ! Mais faites ça rapidement, j'ai les demi-finales du MOF en mars. » Le médecin m'explique que c'est impossible tant que je n'ai pas suivi un traitement d'anticoagulants. Ils m'opéreront finalement en avril 2000, entre les demi-finales et la finale du MOF.

Comme les cinquante-huit qualifiés de cette édition, je reçois les sujets seulement cinq jours avant le concours. Au programme de ce menu entrée-plat-dessert à boucler en quatre heures trente : Caviar pressé ; Canard au sang, Foie gras et navets ; Entremets froid aux fraises.

Ça commence mal, je n'ai jamais travaillé ou goûté de caviar pressé, en fait une sorte de pâte de caviar, à la saveur intense, traditionnellement réalisée avec les restes d'œufs d'esturgeon destinés au caviar. Et en ce week-end du 8 mai, difficile de trouver ce produit, devenu une rareté. Je finis par en récupérer une boîte de 50 grammes pour faire tous mes essais. Je charge Dominique de partir avec la Twingo chercher des canards au sang (tués sans être saignés, ce qui rend leur chair plus juteuse, et permet de lier une sauce avec leur sang) à Revel, un village à 60 kilomètres de Toulouse.

De mon côté, je passe la nuit à réfléchir à des pistes de recettes. Rapidement, les idées s'imbriquent et j'imagine mes plats. Si, pour les demi-finales, les cuisiniers doivent reproduire très précisément les recettes demandées, les thèmes proposés pour la finale du MOF laissent une part plus libre d'interprétation, tout en imposant des ingrédients, des mensurations de plats bien spécifiques ou l'interdiction de certains produits.

Pendant trois jours, j'enchaîne les essais. Ou plutôt pendant trois nuits. Car c'est après le service que je répète et me teste, en dormant deux heures toutes les vingt-quatre heures.

Avec le caviar, j'imagine une sorte de makis, ces rouleaux entourés d'algues farcis au riz et au poisson cru que l'on sert dans les restaurants de sushis.

En guise d'algue, j'étale une fine couche de caviar pressé que je travaille avec du concombre et de l'œuf haché, des ingrédients traditionnels de l'accompagnement des œufs d'esturgeon. En roulant la couche de caviar, je me retrouve avec un cylindre noir au joli insert vert, blanc et jaune.

Je pose le petit rouleau au milieu d'une assiette où j'ai fait prendre une gelée d'oignons brune, décorée de minuscules pointes de tomates concassées, de petites fanes de carotte. Deux fines baguettes au cumin accompagnent également cette entrée un peu japonisante.

La volaille m'inspire quelque chose de plus classique, avec un cromesquis de canard farci de champignons et foie gras, une bouchée qui fond dès qu'on la croque. J'ai par ailleurs désossé les cuisses, dont j'ai haché les chairs avec un appareil à gratin. J'ai reconstitué une sorte de petite côtelette de canard, en entourant une petite boule de farce d'un peu de peau, d'où dépasse un petit os. Le tout étant ensuite rôti au four, accompagné d'une sauce liée au sang et servi avec une garniture de petits navets creusés, remplis d'une jardinière de petits pois, asperges et petites carottes tournées.

Même si je n'ai pas de formation de pâtissier, ma passion pour l'élaboration et la réalisation des desserts ne s'est jamais démentie. Je mets donc beaucoup de cœur à m'impliquer dans l'entremets, je ne suis pas sans savoir que le sucre est souvent le point faible de beaucoup de chefs. Je suis aidé pour cela par Jean Lopez, formidable pâtissier de

Libourne, qui m'a donné une recette de mousse de fraises aussi exquise que légère. J'en recouvre une rosace de fraises coupées en pétales entre lesquelles sont insérées de petites feuilles de menthe, puis j'y incorpore une crème brûlée à la pistache, recouverte à nouveau de mousse, avant de finir avec un fond de feuilletine pailletée lié au beurre de cacao, ainsi qu'on appelle ce mélange croustillant de crêpes dentelles broyées. Je remplis une encoche, laissée dans l'entremets, de fraises des bois, et je sers cela avec un beurre d'orange au vinaigre balsamique. J'aimais cette idée de donner une touche d'acidité à ce dessert frais et gourmand.

Lors de la première répétition, je termine ce menu avec deux heures de retard sur les quatre heures et demie imparties. Lors de la deuxième tentative, je réduis ce décalage à une heure. Pour le troisième et dernier essai, je convie mon père et des amis chefs locaux. Ils goûtent, font leurs remarques, m'aident à affiner, et constatent avec moi que le retard s'est réduit à vingt minutes.

La veille du concours, je charge la voiture et roule d'une traite, avec Dominique, de Bordeaux à Strasbourg, où a lieu la finale, dans le lycée hôtelier de la ville. Cette journée de mois de mai est caniculaire. Certains de mes produits n'y résistent pas. Le lendemain matin, je me précipite au MIN (marché d'intérêt national) de Strasbourg, pour récupérer des fraises des bois et des navets.

L'épreuve a lieu l'après-midi. Des numéros sont tirés au sort pour déterminer l'ordre de passage. Le numéro 13 (!) me permet d'ouvrir le concours. Tant mieux. Je déteste l'attente qui fait gamberger. J'entre en cuisine comme sur un ring. Dans ma bulle, avec le masque, la gueule du type qui va tout défoncer. Je le répète souvent, si le travail collectif d'une brigade peut s'assimiler à une équipe de rugby, le concours de cuisine s'apparente à la dimension solitaire d'un combat de boxe. Le gong sonne. J'ai un round de quatre heures et trente minutes pour tout donner.

Je vois dans le jury des connaissances, dont un chef qui m'avait, lui aussi, reproché mon comportement en demi-finale. Mes allures de guerrier doivent l'impressionner. Il s'approche et me glisse : « Là, je te reconnais ! »

Tout semble lancé pour le mieux, jusqu'à ce que je me coupe le pouce au bout d'un quart d'heure, en désossant le canard. Or, depuis plusieurs semaines, je suis sous traitement anticoagulant que j'ai dû prolonger après mon opération du cœur. Effectivement, mon sang refuse de coaguler et n'en finit plus de couler, alors que ce n'est pas celui-ci qui doit lier ma sauce. Les pansements que j'ai pris sont trop petits et je macule mon plan de travail. Heureusement, un des membres du jury s'en est aperçu et me donne des doigtiers en caoutchouc que je change toutes les vingt minutes.

L'incident et cette perte de temps auraient pu me déstabiliser. Il n'en est rien. J'envoie mon premier plat avec deux minutes de retard, alors que c'est au bout de trois minutes que l'on prend un point de pénalité. Il me reste trente minutes pour cuisiner mes cromesquis, monter ma garniture, finir ma sauce et dresser mon canard. J'ai l'impression de ne pas toucher terre. Un chef suisse, Claude Legras, qui était dans le jury, me répète à chaque fois que je le revois : « Je me rappellerai toujours, quand tu as envoyé la viande, on aurait dit que tu étais en transe ! »

Je présente mon plat principal, pile dans les temps. Un autre chef me fait : « Lâche pas, t'es dans le coup ! » Je finis de dresser mon entremets. J'envoie. Je nettoie mon poste et pars en isolement dans une salle de classe vide. Pas question de communiquer avec un autre candidat avant la fin de l'épreuve. J'enquille une bière cul sec. La pression retombe d'un coup. Et j'attends pendant trois heures la fin du concours.

Je retrouve ensuite Dominique à l'hôtel. Je lui confie : « J'ai tout donné, j'ai fait ce que j'avais à faire. Si je passe, c'est bien, si je ne passe pas, c'est que je n'ai pas le niveau. Mais je recommencerai, c'était trop bonnard ! »

La nuit est bonne mais le lendemain matin, je suis au garde-à-vous à 6 heures. Domi me demande ce que je fais. Je lui avoue que j'étais sur le point de repartir au concours... Ces journées de conditionnement me maintiennent sous tension. Il nous faut encore attendre trois jours la fin des cinq sessions. Nous partons nous détendre dans Strasbourg, en nous offrant un tour de Bateau-Mouche, pendant lequel je m'endors, enfin, comme une souche.

Arrive le jour du résultat. J'ai refait dix fois le concours dans ma tête, comme un sportif refait un match ou un combat. J'ai comme une illumination qui me fait dire à Domi : « Je vais l'avoir. » Tout le monde se retrouve dans l'après-midi pour le cocktail de remise des prix. Le MOF est un événement national, les chefs côtoient les hommes politiques, les VIP. Glorieux prédécesseurs, Paul Bocuse (MOF en 1961) et le président de la section « cuisine » du concours des meilleurs ouvriers de France, Joël Robuchon (MOF en 1976), font un discours, avant l'annonce des lauréats, dévoilés par ordre alphabétique. Frédéric Anton et Éric Bouchenoire, disciples de l'écurie Robuchon, sont parmi les premiers appelés. Puis : « Echete… Eteche… » Joël Robuchon n'a pas fini d'écorcher mon nom que je suis déjà sur l'estrade à lui broyer la main, avant celle de Monsieur Paul.

Tout le monde pleure sur l'estrade. Je regarde Domi, grand sourire et poing serré : « Putain, je l'ai ! » Je cherche ensuite des yeux celui qui me voyait éliminé dès les demi-finales. Nos regards se croisent. Je lui lance un « T'as vu ? » qui le laisse sans voix. L'adrénaline se déchargeait par vagues.

J'avais le sentiment d'avoir gagné ce titre avec mes tripes. Je m'étais lancé dans l'histoire avec un petit budget (3 000 francs, soit environ 450 euros), mais avec ferveur. Quand on me demande aujourd'hui des conseils pour réussir le MOF, je réponds qu'au-delà de la technique (qu'il faut bien sûr maîtriser), il faut revenir à l'essentiel : tout donner pour que ce soit beau, et surtout bon.

Plus tard, au calme, j'ai fini par appeler mon père pour lui annoncer la nouvelle. « Bravo, je suis fier de toi », m'a-t-il dit au bout du fil. Trente-trois ans que je n'attendais plus cette phrase. Il l'avait dite à d'autres, jamais à moi. À la fin d'un match, quand je lui demandais si j'avais bien joué, il s'arrangeait toujours pour me glisser : « Bof, t'as raté un plaquage. » Même si j'avais marqué deux essais !

Je n'avais pas l'impression que cela m'avait spécialement manqué. J'avais été élevé comme ça et j'avais passé le cap en me disant : « Je vais faire mieux. » Mais ce premier « je suis fier de toi » m'a serré la gorge et mouillé les yeux !

Les conseils du chef

Pourquoi passer des concours et se confronter aux autres ?

– Pour s'évaluer et se dépasser.

– Pour s'entraîner : rien de tel pour maîtriser une technique, la dextérité du geste, apprendre à mobiliser ses connaissances, que de s'exercer encore et encore.

– Pour se donner à fond et n'avoir jamais de regrets.

– Pour développer sa créativité en toutes circonstances.

– Pour apprendre à évoluer sous pression : le temps imparti d'une épreuve ou ses contraintes vous apprennent à gérer les imprévus et les difficultés.

– Pour soi.

– Pour le plaisir de gagner !

– 7 –

Les valeurs du col bleu-blanc-rouge

De la maîtrise à la transmission d'un savoir-faire

J'ai mis longtemps à réaliser la valeur du titre de Meilleur Ouvrier de France. Beaucoup de cuisiniers en rêvent depuis l'enfance et font de cet objectif une sorte de Graal, dans un parcours dédié à l'excellence en cuisine. Pour moi, c'était d'abord une compétition, un combat de plus. J'avais remporté ce titre et la vie continuait.

Si j'ai mis un an avant de revêtir quotidiennement la veste au col bleu-blanc-rouge, c'est aussi que je ne me sentais pas assez légitime par rapport au symbole qu'elle représentait. Un peu à la manière des Compagnons du Tour de France, la confrérie des MOF incarne un artisanat d'exception. Pour les métiers de bouche, elle symbolise un savoir immense et une maîtrise de tous les classiques, que je ne possédais pas en 2000 (et que je ne suis pas certain, encore aujourd'hui, de détenir).

Je ne me sentais donc pas à la hauteur de ce titre qui donne une grande responsabilité en termes de connaissance, mais aussi de transmission. Je n'étais certes pas un imposteur, puisque je l'avais gagné, mais je m'étais concentré sur l'épreuve, pas sur ce qu'elle représentait. Il m'a donc fallu un an pour que je l'intègre et l'assume, mais encore presque dix pour que je réalise le rayonnement de ce statut auprès des jeunes.

Je dois cette prise de conscience à Marion, candidate en 2009 du concours des Meilleurs Apprentis de France (les MAF), équivalent du MOF pour les jeunes cuisiniers ayant entre 17 et 19 ans. Président régional des MAF, j'avais noté Marion lors des phases préliminaires de l'épreuve, pour l'obtention des médailles départementales et régionales. Notre jury de cuisiniers lui avait attribué la médaille d'or. J'avais dit à ses profs : « Cette gamine a un truc. Accompagnez-la ! »

La finale des Meilleurs Apprentis de France consiste en la réalisation, en quatre heures, d'une entrée froide et d'un dessert. Une semaine avant cette finale nationale, Marion m'avait demandé si je pouvais lui donner un coup de main. Je lui avais répondu : « Je vais t'aider, mais tu viens pour gagner ! » Elle a bossé une semaine avec nous, à Saint-Émilion, une semaine pendant laquelle je l'ai aidée à préparer ses plats, en lui donnant autant de conseils que possible.

Comme j'étais à Paris le jour du concours, je suis allé voir comment cela se passait pour elle. Je suis arrivé pile pour la remise des prix : « Major de promotion, médaille d'or des Meilleurs Apprentis de France : Marion. » Aux professeurs et au directeur qui pleuraient – sans s'être trop foulés –, j'ai expliqué que ce serait bien de prévenir nos médias locaux. Après tout, c'était la première fois que le lycée de Talence décrochait un titre de MAF.

Comme ils n'ont pas bougé, j'ai appelé moi-même *Sud-Ouest* et France 3 pour qu'ils rencontrent la gamine. Au moment où la chaîne régionale a fait son sujet, Marion m'a passé un coup de fil pour me demander de participer au reportage. « Mais c'est ton concours, pas le mien. » « Si vous ne venez pas, je ne fais pas l'interview. » Je suis finalement allé à l'école, raconter l'histoire devant les caméras, avant d'écouter la demoiselle.

« Jamais, dans mes rêves les plus fous, dit-elle pendant l'entretien, je n'aurais imaginé travailler avec un MOF. »

Cela m'a profondément touché. J'ai enfin compris à ce moment-là l'aura de ce titre auprès des nouvelles générations. Un sentiment régulièrement confirmé lors des sessions d'« Objectif Top Chef ». Il faut voir l'œil de ces gamins quand je revêts ma veste au col bleu-blanc-rouge ! Grâce à eux, et avec plus de recul et d'expérience, je me sens aujourd'hui tout à fait à l'aise dans mon habit de MOF.

Les conseils du chef

De l'importance de la transmission

Il est plus difficile de faire faire que de faire soi-même, c'est pourtant une compétence essentielle quand on est chef d'une brigade.

– Sans transmission, pas de savoir-faire, ni d'évolution possible.

– Transmettre permet de faire passer des valeurs et de partager un savoir-faire qui nous sont chers.

– Transmettre permet de former des gens sur qui l'on peut ensuite s'appuyer en toute confiance.

Les valeurs que je souhaite transmettre à mon fils

Respecte-toi, respecte les autres, sois juste mais ne te laisse pas faire !

– 8 –

On ne naît pas chef, on le devient

Après mon départ pour la capitale, en 1988, j'ai longtemps culpabilisé d'avoir quitté le Chipiron et laissé mon père à nouveau seul en cuisine. J'avais beau avoir sa bénédiction, je n'étais pas serein. Quand je rentrais le week-end à Bordeaux, après ma semaine parisienne, me sautait aux yeux un contraste dont je n'avais pas pris conscience jusque-là.

Second, à 23 ans, dans les cuisines du Clos Longchamp, j'occupais une position hiérarchique lourde de responsabilités, intense dans l'engagement, mais qui s'inscrivait dans une organisation de restaurant gastronomique me dégageant de nombreuses tâches, puisque réparties à différents postes de la brigade. En retrouvant mon père le dimanche, cours de l'Yser, alors que je débarquais du train de nuit à 6 heures du matin, je replongeais dans la dure réalité du métier de petit restaurateur-propriétaire.

Pour un moins bon salaire que le mien, papa – juste aidé d'un plongeur et d'un apprenti – devait s'occuper quasiment seul du marché, de la mise en place, des coups de feu, de la gestion de son établissement, tout en devant nettoyer ses fourneaux et sa cuisine. Le voir ainsi serpillière à la main m'avait longtemps semblé naturel. À présent, ça me filait le bourdon. D'autant que je n'étais plus là pour le seconder. Dès mon arrivée dominicale ultramatinale, ma mauvaise conscience me poussait alors à préparer pour lui la mise en place des desserts, comme je le faisais quand je travaillais au Chipiron.

Mon père me faisait de la peine, même si je ne pense pas, aujourd'hui avec le recul, qu'il était à plaindre. Dès l'âge de 16 ans, ce métier a été sa vie et ce travailleur infatigable ne pouvait concevoir d'autres modes de fonctionnement. Depuis que mes parents ont vendu leur restaurant pour prendre leur retraite, en 1996, je sais d'ailleurs qu'il lui manque. La preuve, il a fait plusieurs ouvertures de restaurant et continue régulièrement de faire des extras dans le restaurant d'un trinquet, à Bordeaux, à l'occasion de mariages ou de réceptions.

Plus ou moins consciemment, pourtant, ce que vivaient mes parents au Chipiron m'a sans doute longtemps coupé l'envie de posséder ma propre affaire. Chef-employé me semblait un meilleur destin que chef-propriétaire. Il fallait donc que je progresse dans ce sens et que l'idée fasse son chemin.

*

* *

Après l'expérience du Clos Longchamp et la rencontre déterminante de Jean-Marie Meulien, je consolide mes compétences de second auprès de Dominique Toulousy, aux Jardins de l'Opéra, à Toulouse. Dans cette élégante maison, aménagée dans une cour intérieure, à deux pas de la place du Capitole, je gagne en assurance dans l'organisation et le management d'une brigade, au service d'une cuisine à la fois régionale et inventive. Commence aussi à mûrir l'idée que je pourrais à mon tour m'assumer comme chef. Je ne peux concevoir mon métier, comme tout ce que j'entreprends, que comme une progression. Je me sens à présent prêt à orchestrer seul une brigade. Avec ce nouveau défi en tête, mon esprit s'ouvre à de nouvelles opportunités.

La première se présente en 1994, sous la forme d'une balade dans les vignes de Saint-Émilion. Un copain y a repéré un château-hôtel qui vient de se monter. Nous sommes en juin. En cette fin de printemps, le vignoble du Libournais ondule joliment entre doux plateaux et coteaux caillouteux, rythmé par ses vieux villages et châteaux de multiples époques. Dès la première visite au Grand Barrail, j'ai le coup de foudre pour ce petit château-bonbonnière du XIXe siècle et son parc de 3 hectares, plantés au pied de quelques-unes des plus célèbres propriétés viticoles de l'appellation.

Nous retournons, deux mois après, déjeuner en terrasse, pour constater que la cuisine est très loin d'être au niveau de ce lieu magique. Nous nous laissons d'ailleurs aller à quelques commentaires acerbes, sans nous apercevoir que les propriétaires déjeunent à une table voisine. Quand ceux-ci insistent pour connaître plus en détail mes impressions, je finis par en repasser deux couches sur la médiocrité du repas et… casser l'ambiance.

De retour à Toulouse, je pose tout de même une carte postale du Grand Barrail sur ma table de nuit. Ce château me fait de l'œil. Quel dommage ! Le lieu mériterait autre chose. À un moment où j'ai moi-même envie de passer un cap, où je suis prêt pour mon premier poste de chef… Pour la première fois de ma vie, j'envoie un CV, postulant à la place de chef, mais je reçois une réponse négative pour cause d'« équipe déjà en place ». Avant de découvrir, quatre semaines plus tard, sur mon répondeur, un message de M. Friedrich Gross, le propriétaire, qui me propose de le rencontrer.

En septembre 1994, l'affaire finit par se conclure, avec une prise de fonction prévue en février 1995, le temps de passer le relais en douceur à mon successeur auprès de Toulousy. Mais les préludes à ma venue ne seront pas de tout repos. En particulier, en raison de ma vie sentimentale. En octobre, je rencontre en effet Dominique, à Toulouse, au marché Victor Hugo. Nous tombons amoureux et, pendant quinze jours, je mène une double vie – ce qui me met très mal à l'aise –, car je suis déjà en couple. Je déteste la tromperie. Je finis par l'annoncer – forcément – maladroitement à ma copine de l'époque. « Je m'en vais ! » « Oui, je sais, tu pars au Grand Barrail. » « Oui, mais j'y pars seul, sans toi. »

Dans la foulée, j'ai un accident de moto. En voulant doubler une voiture, j'en percute une autre garée en double file. Bilan : fracture ouverte du péroné et mollet arraché, deux mois avant de prendre mon poste. Les règlements de compte avec mon « ex » se prolongent dans ma chambre d'hôpital. Avec, en prime, quelques mauvaises surprises, quand je reçois, par exemple, un appel de Dagmar Fretter, directrice du Grand Barrail : « Monsieur Etchebest, j'ai entendu dire que vous ne veniez plus chez nous, que vous avez eu un accident. » J'arrive à la rassurer en lui expliquant qu'il s'agit juste d'un petit accrochage et que je serai au château en temps et en heure…

Pas tout à fait en pleine possession de mes moyens, j'arrive à Saint-Émilion pour découvrir, lors de mon premier service, qu'aucune équipe n'est en place, puis, le lendemain, que le chef précédent n'est toujours pas parti. Des débuts chaotiques qui le resteront pendant plusieurs semaines, avant de trouver un ordre de marche. Et près de trois ans avant de dessiner la voie de la réussite.

*

* *

Passer du poste de second à la place de chef n'est pas chose aisée. Si le second s'implique dans la direction de toute une équipe, il a au-dessus de lui un guide comme recours et ultime metteur en scène. Livré à lui-même, le chef appréhende le vertige de la solitude, quand il doit orchestrer une telle maison. A fortiori quand tout est à refaire.

Au Grand Barrail, il fallait former une nouvelle équipe, mais aussi retisser des liens avec l'environnement local.

Je m'aperçois vite, en effet, que le propriétaire allemand, M. Gross, qui fait flotter le drapeau germanique au-dessus du château, a du mal à s'intégrer. Les clients sont rares et la réputation de la maison n'est pas meilleure auprès des fournisseurs qui, avec moi, voient défiler un troisième chef en l'espace de deux ans. Or impossible d'avoir des ambitions culinaires sans complicité avec les distributeurs ou producteurs de vos matières premières, tant il est vrai que l'inspiration naît d'abord des beaux produits et de l'échange que le cuisinier peut avoir avec ceux qui les font. (C'est d'ailleurs l'une des premières questions que je pose quand je reprends une affaire : « Où est le marché ? » afin de m'enquérir le plus vite possible des producteurs locaux !) Après avoir été souvent fusillé du regard quand je me présentais devant eux au volant de l'estafette siglée Grand Barrail, je parviens tout de même à regagner la confiance de ces indispensables intermédiaires.

Sans pour autant trouver ma voie en cuisine. Car l'une des choses les plus difficiles, quand on accède à la responsabilité de chef, est de trouver son identité. Tout à l'urgence de recomposer une brigade, de me réconcilier avec des fournisseurs et de séduire des clients, je crée mes cartes en piochant dans ce que j'ai appris lors de mes précédentes expériences. Je ne cherche pas à créer de toutes pièces, mais à composer un mix. Je reproduis en ne me donnant qu'une petite latitude d'innovation. Faute de faire original, je fais bon. Ce qui est déjà un début.

Si la cité médiévale de Saint-Émilion est l'un des plus beaux villages de France, le lieu est aussi et bien sûr synonyme de vins d'exception. Tout en étant depuis longtemps sensible aux accords mets-vins (comme l'ont prouvé mes succès au concours Minervois-jeune cuisine, en 1989, et au prix Paul-Louis Meissonnier, remporté en binôme avec le sommelier Patrick Guiral), je ne possède pas, en arrivant au Grand Barrail, de vastes connaissances en sommellerie. Je choisis pourtant très vite de m'imprégner de cette culture et de ce fabuleux environnement viticole pour lui donner le premier rôle au restaurant. Quitte à aller parfois à l'encontre de vieux réflexes locaux comme celui de ne jamais boire de vin rouge avec le poisson ou de garder la meilleure bouteille pour le fromage.

Au bout de quelques mois, cette démarche commence à se faire remarquer. Tout comme quelques plats qui finissent par porter (un peu de) ma signature, à l'instar de cette lasagne aux champignons des bois et foie gras poêlé, accompagnée d'une émulsion de truffes au vin jaune, inspirée d'une raviole au foie gras et à la truffe que servait mon ancien chef, Dominique Toulousy, aux Jardins de l'Opéra.

En 1999, le guide gastronomique *Champérard* décide de faire son repas de lancement au Grand Barrail. Créé par Marc de Champérard, cet ouvrage est l'une des références du genre, avec le guide *Pudlo* de Gilles Pudlowski, après les incontournables guides *Michelin* et *Gault & Millau*. Quatre jours avant l'événement, je reçois justement un courrier de *Gault & Millau* me demandant d'être présent, à Paris, pour la sortie de leur guide. Je les appelle pour expliquer qu'un autre événement me retiendra à Saint-Émilion. Devant mon refus, ils finissent par me lâcher le morceau : « Nous ne devrions pas vous le dire, mais nous vous remettrons à l'occasion le titre de "Grand de demain". » Une superbe distinction qui couronne un chef que le guide estime plein d'avenir.

Après conciliabule avec le directeur du restaurant, je choisis de me rendre à Paris, en laissant ce qu'il faut de consignes. Je ne savais malheureusement pas que le *Champérard* devait, lui aussi, me remettre une récompense, celle de « Jeune espoir ». Prévenu par téléphone, Marc de Champérard l'avait vraiment mauvaise. Dans son guide de l'année suivante (et dans celui d'après), cette remarque assassine : « Notons cependant que M. Etchebest serait mieux derrière ses fourneaux, plutôt que dans les cocktails parisiens. »

Déclic pour que l'équipe prenne conscience de nos progrès, gagne en assurance et en ambition, ce titre de « Grand de demain » pouvait aussi laisser espérer une première marche vers la piste aux étoiles. Je n'y avais jusque-là pas pensé, trop accaparé par le besoin de m'en sortir, de gérer une équipe, de faire tourner un établissement. Sans être très créatifs, nous faisions maintenant du beau boulot, remarqué des critiques, des clients de Saint-Émilion et de Bordeaux. Peut-être pouvait-on commencer à rêver de ce qui reste l'ultime référence pour beaucoup d'entre nous : la reconnaissance du *Guide Michelin* ?

En 2000, les rumeurs allaient d'ailleurs bon train. Jusqu'à ce qu'un journaliste local annonce « une étoile au Grand Barrail », une semaine avant la sortie du Guide rouge. Les coups de fil de félicitations pleuvent dans la foulée ; l'équipe s'emballe après ce shoot d'adrénaline, malgré mes appels/exhortations à la prudence. Et le guide sort sans que nous recevions le fameux macaron. Belle gifle, gros râteau.

Je comprends que certains aient du mal à se remettre de ce genre de douche écossaise. Les macarons du Guide rouge impliquent autant une reconnaissance à l'écho international que, souvent, un changement de statut en terme économique, avec un afflux de nouveaux clients. Y croire, puis en constater l'absence, peut être très dur à digérer.

J'ai eu les boules une journée, mais le lendemain, c'était reparti. Je dois peut-être cette capacité d'encaisser à la boxe. Sur un ring, il faut s'accrocher et repartir de plus belle après un mauvais coup. Cela correspond naturellement à mon tempérament, allergique au découragement. L'étoile brillerait peut-être un autre jour, même si ce n'était pas au Grand Barrail.

Les conseils du chef

On ne naît pas chef, on le devient

– On ne s'impose pas par son physique – même si cela peut aider – mais par ses compétences (quitte à les acquérir et les renforcer au jour le jour).

– Soyez exemplaire, vous en deviendrez inspirant pour les autres.

– Être chef, c'est surmonter les obstacles et faire face à l'imprévu quel qu'il soit, même et surtout dans l'urgence. La qualité d'un responsable est de savoir anticiper, régler le problème avant même qu'il n'arrive.

– Il est impératif de garder son calme et son sang-froid : à chaque problème sa solution, pas de place pour les atermoiements. Adaptez-vous, improvisez !

– Restez humble : il faut savoir se renouveler, être chef c'est se remettre en question, admettre que l'on apprend tous les jours. Ne pas avoir peur de dire qu'on s'est trompé, être chef, ce n'est pas être infaillible. On ne vous en respectera pas moins, bien au contraire.

– Il n'y a pas de tâche ingrate, surtout pendant le coup de feu !

– 9 –

DU CAUCHEMAR À L'HÔTEL À LA PREMIÈRE ÉTOILE

Faire face à tous les imprévus, c'est ne jamais être pris au dépourvu

Après cinq ans à la tête des cuisines, j'avais l'impression d'avoir fait le tour du Grand Barrail. J'avais désormais soif d'autres défis et responsabilités. À Saint-Émilion, la maison possédait un directeur qui était encore mon supérieur hiérarchique. Je me fixai donc comme prochain cap la direction globale d'un hôtel-restaurant, sans autre hiérarchie au-dessus de moi que celle d'un propriétaire. Une nouvelle ambition également justifiée par l'envie de voir si Dominique et moi étions capables de travailler ensemble. Pas certain que nous ayons imaginé alors le parcours du combattant qu'allait représenter cette première expérience hôtelière.

Nous postulons donc, en 2001, à la direction du château des Reynats, à Chancelade, un petit bourg tout proche de Périgueux, au cœur de la Dordogne. Nous y arrivons en décembre, dans une bruine et un brouillard qui donnent ce jour-là une allure gothique à cette demeure second Empire. Sombre et décati, le hall d'entrée nous paraît encore plus sinistre. Pour un peu, nous ferions demi-tour.

Nous sommes finalement reçus par le propriétaire, Jean-Michel Desprez, à qui nous assurons que la gestion d'un hôtel n'a pas de secret pour nous. Énorme coup de bluff puisque je n'avais que l'expérience des cuisines et que Domi ne connaissait strictement rien à ce métier. Si le château et son restaurant, L'Oison, ont eu leur heure de gloire, ils ont lentement décliné, jusqu'à littéralement partir en lambeaux. Le tour du propriétaire pourrait nous démoraliser, mais il n'en est rien !

Sur le chemin du retour, nous nous disons qu'il y a malgré tout quelque chose à faire. Quelque part nous nous y voyons. Sans vraiment nous douter de l'ampleur de la tâche. Au bout de quelques jours, nous confirmons notre accord à M. Desprez pour reprendre la direction de l'hôtel et du restaurant, en nous donnant un an pour réussir et rester ou échouer et partir. Et les huit mois suivants tiendront plus, il faut l'avouer, de « Cauchemar à l'hôtel » que de *La croisière s'amuse*.

La première difficulté tient à notre totale inexpérience. Comme elle ne connaît rien au vocabulaire de l'hôtellerie, Dominique est souvent désarçonnée par les questions du personnel et tente de répondre comme elle peut aux demandes, en essayant d'être le plus juste possible.

Je ne suis pas beaucoup plus à l'aise qu'elle avec les contrats que nous devons traiter, comme ceux des « allotements ». Dans le métier, ce terme désigne les chambres louées à l'année par des agences qui prélèvent un pourcentage sur les réservations qu'elles obtiennent. À notre arrivée, trois agences se partagent l'essentiel des chambres du château. À notre premier rendez-vous avec l'une d'elles, nous feignons de comprendre et d'accepter tout ce que nous dit notre interlocuteur. Ce n'est qu'en prenant le temps d'éplucher les contrats que nous nous rendons compte de l'absurdité des pourcentages prélevés par ces agences et du nombre bien trop grand de chambres qu'elles sont censées gérer. Nous renégocions donc radicalement les contrats. Nous voulons nous accorder plus d'autonomie et ne plus nous contenter de recevoir des groupes ou des clubs du troisième âge. Mais pour changer de statut, il faut changer de standing. Et là, il y a du boulot !

L'hôtel est en effet dans un état déplorable. Le papier des chambres se décolle, la literie est épuisée, des clients furieux nous redescendent régulièrement des serviettes de bain effilochées. Sous prétexte de décoration, Dominique pose des pierres du jardin sur les trous des nappes. Les gens se prennent les pieds dans des morceaux de moquette collés au scotch double face sur les endroits les plus usés.

Les accidents techniques se multiplient. Comme ces remontées d'eau des toilettes des chambres jusque dans le restaurant. Je me rappelle d'une nuit où, écopant pour éviter que cette saleté ne rentre dans les cuisines, je hurlais : « Mais ils vont arrêter de chier à 5 heures du matin ! » Je devenais fou.

Difficile dans ces conditions de relancer la réputation de l'établissement. Une journaliste du *Figaro Magazine* réserve justement une chambre trois semaines à peine après notre installation. Je me renseigne auprès d'une copine journaliste. « Attention, elle est pointue ! », me prévient-elle.

Je briefe tout le monde pour qu'on lui attribue la moins pire des chambres et que tout soit nickel pour son séjour.

Le jour de son arrivée, notre standard tombe en panne. La dame débarque sous la pluie, toute mouillée et de méchante humeur. « Cela fait des heures que j'essaie de vous joindre au téléphone ! » Nous nous excusons et la conduisons à sa chambre. Cinq minutes après, la réceptionniste court me chercher : « Chef ! Il y a un problème avec la journaliste. Elle a trouvé un slip et des chaussettes sales dans son tiroir… » Ce n'était pas une blague ! Sans doute la malveillance d'un membre de l'équipe que nous venions de reprendre et qui avait encore des comptes à régler avec le propriétaire, pour avoir trop longtemps été payé au lance-pierre.

J'appelle aussi sec Dominique pour lui demander de venir calmer la journaliste qui ne veut plus dîner et demande après cette déconvenue à repartir un jour plus tôt. Même si je la comprends, je n'ai pas toujours une âme de diplomate et je pourrais lui rentrer dedans si elle devenait trop agressive. La dame du *Fig Mag* finit par se raviser et accepte de manger. À Dom, qui vient la voir en salle, elle dit : « Vous savez que vous avez un hôtel de merde ? » « Oui, nous le savons, répond ma femme en faisant profil bas, nous venons juste d'arriver. » « En revanche, j'aimerais voir le chef. »

Je la retrouve au bar et décide de jouer la dérision. « Alors ? Slip et chaussettes, c'était bon comme blague, non ? » Elle se met à rire et reconnaît avoir adoré le menu que je lui ai préparé. « Et comme vous êtes tous les deux sympathiques, je vais vous aider. » Quelques semaines plus tard, nous avons eu droit à un magnifique papier.

Autre preuve qu'une situation n'est jamais désespérée, tant qu'on lutte contre le sort et qu'on va de l'avant, le souvenir d'un jeune couple arrivant au château au bord de la crise de nerfs. Nous sommes en mai 2001, moins d'un mois après notre prise de fonction. Ces jeunes Parisiens avaient réservé le château des mois avant pour y célébrer leur mariage, le 16 juin. Deux ou trois mois plus tôt, le père de Pierre-Yves Couturier, le futur marié, lui avait dit avoir lu coup sur coup, dans *Sud-Ouest*, que le personnel des Reynats faisait grève, puis que les cuisines du château avaient brûlé.

Rassuré dans un premier temps par le propriétaire, il n'avait ensuite plus eu d'interlocuteur lui confirmant chambres et repas pour quatre-vingt-quinze personnes. Les responsables des Reynats semblaient aux abonnés absents. Décidé à régler ça sur place, ce jeune avocat arrive un peu tendu. Nous nous apercevons vite que rien ne nous a été transmis. Sur l'agenda figure, à la place, une réception pour un grand du cosmétique.

Devant le jeune couple décomposé, je décide d'annuler cette réservation et leur assure « Ne vous inquiétez pas, nous allons tenir l'engagement que d'autres ont pris », tout en leur composant, dans la foulée, le programme de la soirée. Au menu : Lasagne de foie gras poêlé aux champignons des bois, émulsion de truffes noires ; Dos de maigre rôti sur une galette de riz à la tapenade, huile d'olive vierge au pistou ; Demi-pigeonneau fermier laqué aux épices douces, pommes Darphin, jus de pigeon au vinaigre de Xérès ; Brie farci à la crème de mascarpone et fruits secs ; Délice lacté, sauce chocolat amer, tuile dentelle à l'orange. Tout cela avant la traditionnelle pièce montée. En remontant en voiture, enfin rassuré, Pierre-Yves aurait dit à Dorothée, sa fiancée : « La personne qu'on vient de rencontrer deviendra l'un des chefs les plus connus de France. » C'est en tout cas ce qu'il m'a raconté. Car nous sommes restés amis depuis ce fameux mariage !

*

* *

À cette époque, la cuisine me sauve souvent la mise. Elle est le seul argument pour faire venir du monde. Mais nous ne pouvons pas laisser l'hôtel en l'état. Des grands travaux de peinture et de rénovation sont décidés avec Jean-Michel Desprez qui, quelques jours après, nous annonce que... la banque ferme les robinets pour cause d'explosion du découvert. Plus question de travaux ! Retour à la case départ.

Dominique nous voit déjà rentrés à Bordeaux. Mais pour moi, pas question de renoncer. Pas maintenant. Je me débrouille moi-même pour qu'une autre banque accorde un prêt pour ces rénovations. J'appelle également nos fournisseurs pour qu'ils comprennent notre situation et nous filent un coup de main en patientant un peu pour leurs factures. Tous choisissent de jouer le jeu. Le château peut enfin fermer deux mois pour être transformé.

Desprez s'occupe de la peinture et du gros œuvre, nous nous occupons de la décoration. Une copine, ancienne des Beaux-Arts, vient nous aider. Il faut redonner du peps à ces pièces glauques. De grands tableaux sombres, avec de grosses moulures encadrant de vieilles dames, plombent l'ambiance du salon. Notre amie les récupère, peint les cadres en fluo et pose des touches de couleurs vives sur les visages. Avec des chaises retapissées de velours orange, le salon devient hyper flashy !

Nous redécorons aussi les chambres avec de grandes fresques ; arrachons les moquettes du restaurant ; repeignons la bibliothèque… Et pouvons rouvrir, en temps et en heure, un lieu complètement remis à neuf.

Le jour de la réouverture, la réceptionniste m'appelle pour me passer un journaliste. « Allô ? » « Monsieur Etchebest, je vous annonce que vous avez une étoile dans le nouveau *Guide Michelin.* » « Écoutez monsieur, on me l'a déjà faite. Moi, je n'y croirai pas tant que ce ne sera pas sorti. » « J'ai la liste officielle ! Je peux vous assurer que vous y êtes ! »

Aussi incroyable que cela puisse paraître, cette histoire d'étoile m'était complètement sortie de la tête. Depuis huit mois, les conditions de travail avaient été tellement épouvantables, nous avions tellement subi, que la priorité avait été ce combat quotidien contre l'adversité et les coups du sort, pas l'espoir du macaron !

Pourtant, il est vrai que ces suites de pépins n'ont jamais affecté mon travail en cuisine. Au contraire. Le Périgord regorgeait de beaux produits et j'arrivais à mieux m'exprimer aux fourneaux. Contrairement au Grand Barrail où j'en étais encore à recycler mes influences, les menus proposés à L'Oison, le restaurant du château des Reynats, commençaient à refléter plus nettement mon identité. Ma cuisine ne cessait d'évoluer, dans le bon sens.

D'ailleurs critiques et clients le remarquaient. Parmi ces derniers, le maire de Périgueux, Xavier Darcos, homme de lettres et vrai gourmet, a été un de nos plus fidèles soutiens. Il ramenait à notre table tous les notables locaux qui avaient depuis longtemps déserté le château. C'est aussi grâce à lui que j'ai préparé le repas officiel du sommet franco-italien organisé à l'initiative de Jacques Chirac.

Au bout d'un an, et après cette première étoile, les Reynats étaient remis à flot et tous les fournisseurs étaient remboursés. Cela n'a bien sûr pas empêché quelques nouveaux épisodes rocambolesques. Certains tragiques, comme la crise cardiaque fatale de ce sympathique client parisien, mort au milieu de la nuit. D'autres attristants quand nous avons découvert, par exemple, que notre comptable piquait dans la caisse. Le monsieur se disait bouddhiste, avait un caillou qu'il se passait parfois sur le front pour rester zen. Mais il oubliait de payer l'Urssaf et bidouillait les comptes car il avait besoin de ronds.

Dans l'ensemble, notre plus grande satisfaction aura été de ressouder une équipe derrière nous. Les conflits avaient été si nombreux, entre le personnel et l'ancienne direction, que les employés nous ont d'abord considérés avec beaucoup de méfiance. Or les rouages d'un hôtel-restaurant sont tellement nombreux et complexes qu'ils demandent un management capable de mobiliser l'implication de tous.

S'ils ont vite vu que nous manquions d'expérience, les membres du personnel ont aussi compris que nous n'étions pas du genre à baisser les bras. Les problèmes avaient beau s'accumuler, nous ne lâchions rien et repartions au combat. Je le répète souvent, mais rien ne vaut pour une équipe un capitaine qui met les mains dans le cambouis et montre l'exemple. C'est l'un des éléments clés du processus qui me tient le plus à cœur, la formation.

Je me rappelle d'ailleurs un gamin un peu paumé qui était venu travailler comme apprenti de salle au château des Reynats. Sa propre mère m'avait déconseillé de le prendre : « Vous verrez, c'est un voyou, vous n'en ferez rien ! » « Ne vous inquiétez pas, je m'en occupe », lui avais-je répondu.

C'était un bon gosse, sérieux dans le boulot, mais qui multipliait les conneries à l'extérieur. Il fallait vraiment lui rentrer dans le lard. Je l'avais logé au château et il m'en a fait voir. Comme quand une bande de loulous à qui il devait de l'argent était venue le chercher au château pour régler ses comptes. J'étais sorti des cuisines avec ma tête des mauvais jours, la brigade derrière moi. Ils n'avaient pas demandé leur reste. Et à force que je le prenne sous mon aile, le dirige, le forme, le gamin avait terminé son apprentissage et fini par trouver des places dans de belles maisons. Comme celle où je l'ai croisé, il n'y a pas si longtemps, sur le bassin d'Arcachon.

Troisième partie

À FOND, MÊME AU REPOS

Je me suis longtemps plus investi dans le sport que dans la cuisine. Adolescent, je l'ai dit, j'étais d'ailleurs plus tenté par une section sport-études que par l'école hôtelière. J'ai finalement choisi la sagesse de la voie familiale plutôt que les incertitudes de la carrière d'athlète de haut niveau, mais la pratique sportive est restée vitale. Les entraînements comme les compétitions m'ont construit, m'ont permis de nourrir et dépenser mon énergie, tout en me forgeant un mental.

Si Camus disait avoir beaucoup appris du football, le rugby et la boxe, en particulier, m'ont donné des leçons, des valeurs et des principes que j'ai très tôt intégrés à ma vie professionnelle, au restaurant, avec une brigade et une salle que je considère comme mes coéquipiers, dans les concours de cuisine, comme plus tard sur les plateaux télé.

La puissance et la force réclamées par ces sports m'ont servi dans un métier qui reste dur et éprouvant au quotidien. En termes de travail collectif ou de défi individuel, ils transmettent également un état d'esprit qui pousse au don et au dépassement de soi. Ils me permettent aussi, tout simplement, de me sentir bien dans ma peau.

Aujourd'hui encore, malgré un emploi du temps surchargé et un corps qui se souvient un peu trop des traces laissées par des années de sports de contact, pas question pour moi de renoncer à l'intensité de l'effort physique. Il est indispensable à mon équilibre, indissociable de ma personnalité et de ce que j'essaie de transmettre.

– 10 –

LA CULTURE RUGBY

D'aussi loin que je me souvienne, j'ai toujours eu faim de défoulement. Dès la cour d'école, j'ai eu besoin d'exprimer mon énergie et de me mesurer aux autres. La moindre récré, le moindre jeu – comme une balle au prisonnier – étaient prétextes à employer la force physique dont la nature m'a doté. Sans méchanceté, sans vraie conscience d'être plus costaud que d'autres, mais avec un besoin irrépressible d'engagement et de contact.

Mes parents ont compris qu'il fallait canaliser ma vitalité de gamin hyperactif. Je n'étais pas particulièrement turbulent, mais impossible pour moi de rester dans le canapé plus de deux minutes. Le sport s'est vite révélé comme le meilleur moyen de me dépenser, d'aller au combat. À 8 ans, ils m'ont inscrit dans un club de judo, à Haybes, ville des Ardennes d'où ma mère est originaire, et où mon père avait été engagé en 1970, comme chef de l'hôtel-restaurant l'Ermitage du Moulin Labotte. Je me souviens encore de la rigueur et de la discipline de Maître Keiro, qui gérait ce petit dojo où je suis resté deux ans.

Toute la famille a ensuite déménagé, en 1977, à Villeneuve-sur-Lot quand mon père a cette fois pris le poste de chef à l'hôtel de La Prune d'or. J'ai repris le judo dans un club local où il y avait de multiples activités sportives, mais aucun encadrement. J'étais un peu paumé. Je me souviens de mon père s'apercevant un jour que j'avais séché le judo pour aller à la piscine. Je me suis pris une torgnole, avant que ma mère ne remette ça pour me faire passer l'envie de recommencer. Leur peur en ne me trouvant pas avait encore accentué une tendance musclée à la réprimande. J'ai quand même pu leur expliquer le manque de sérieux du club, mon envie d'essayer autre chose. Et mes parents m'ont inscrit au rugby.

À Villeneuve-sur-Lot, nous étions dans la patrie du jeu à XIII, à la technique vive et brutale, mais mon père a choisi le rugby à XV et ses mêlées caractéristiques. Né au Pays basque, il possède une culture rugby. Sans jamais y avoir joué alors qu'il avait pourtant le physique. C'est un costaud avec des biceps gros comme des boules, mais ses débuts en apprentissage de cuisine et une vie passée devant les fourneaux ne lui ont pas permis ce genre de distraction. En revanche, une fois installé à Bordeaux, en 1979, il est devenu sur le tard un joueur de pelote de haut niveau, une des meilleures « gauche » de Bordeaux, réputé pour ses redoutables coups de poignet qu'il distribuait au trinquet Maïtena, à Villenave-d'Ornon.

J'ai tout de suite accroché au rugby. Ce sport était parfaitement adapté à mes besoins. Je pouvais y exploiter mes qualités physiques, me prouver que je ne reculais pas devant l'affrontement. Mais j'ai aussi tout de suite été en phase avec ses valeurs collectives. Aucun autre sport à mon sens n'incarne à ce point l'esprit d'équipe. Cohésion, sens du sacrifice, solidarité entre coéquipiers aux personnalités et aux physiques très différents – des massives lignes d'avants aux arrières plus minces et rapides – pour construire une victoire ne pouvant être le fruit que d'un travail de groupe…

*

* *

Quand, en 1979, mes parents déménagent à Bordeaux pour ouvrir le Chipiron, hors de question pour moi d'arrêter. Je quitte donc l'école de rugby de Villeneuve-sur-Lot pour celle de Bègles, le meilleur club de la région Aquitaine. J'y ferai un long parcours, des benjamins jusqu'à l'équipe première.

Dès le début, je m'implique avec sérieux. Je me construis un cadre où s'enchaînent sans temps mort école, sport, devoirs et restaurant. Mes parents sont très exigeants. La réussite scolaire est prioritaire et obligatoire. Comme sont incontournables mon aide et celle de ma sœur au Chipiron. Ne serait-ce que pour notre argent de poche, qui dépend des pourboires laissés par les clients. En effet, mes parents considèrent que rien ne s'obtient gratuitement. Tout ce que nous pouvons désirer, il faut le gagner.

De moi-même, je m'organise une vie tirée au cordeau. Ce pourrait être un esprit de famille, une question d'éducation, mais mon frère et ma sœur, moins fonceurs, ne s'imposent pas la même discipline. Mon sac de rugby est toujours prêt, mes leçons sont toujours apprises, quitte à me couper du reste de l'équipe pour travailler dans le bus qui nous emmène au match. Il n'est pas rare en effet que j'emporte mes devoirs ou révise mes cours durant les déplacements qui peuvent être longs !

Je suis repéré pour mes qualités physiques, qui me valent de faire partie des sélections de la Côte d'Argent, regroupant Gironde, Landes et Pays basque. En juniors, je fais un beau parcours à Bègles, avec une demi-finale du championnat de France perdue contre Béziers, et une finale de la coupe de France perdue contre Castres. Malgré la défaite, cela a été une belle aventure : celle d'un supergroupe de potes, mais cette fois-là, on était tombés contre plus fort que nous.

Je joue alors n° 12, au poste de trois-quarts centre. Le but est de perforer la défense, passer la ligne d'avantage, puis de donner le ballon pour qu'ailiers et arrières puissent cavaler. Cela exige de la puissance, de la vitesse, de bons appuis. J'aimais prendre les espaces, mais j'adorais aussi l'énorme travail défensif qu'implique ce poste. J'étais un gros plaqueur, porté par l'envie de dominer, de détruire l'adversaire. Dans les règles, bien sûr. (Le rugby est un sport de gentlemen !) Même si j'avoue avoir mis un paquet de plaquages à retardement… Mieux vaut marquer son territoire, faire comprendre à l'autre qu'il ne va pas s'amuser.

En rugby, j'ai toujours admiré ceux qui imposaient leur puissance et inspiraient la crainte. Dans ma chambre, j'avais un poster de l'équipe de France vainqueur du grand chelem de 1977. Il y avait, dans la bande des monstres, des montagnes comme Gérard Cholley, Michel Palmié, Jean-François Imbernon, Alain Paco, Robert Paparemborde, Jean-Pierre Bastiat... Des mecs avec de vraies gueules de méchants. Je les adorais.

Je n'ai jamais été un grand joueur. Je n'avais pas la technique ou le sens du jeu de certains, mais je compensais par mes capacités physiques, ma détermination, ma soif de gagne. C'est ce qui m'a valu de pouvoir jouer, en 1985, quand j'avais 18-19 ans, une dizaine de matchs dans l'équipe première de Bègles. Le rugby, à l'époque, était amateur, loin du professionnalisme du Top 14. La première division du championnat de France était constituée d'une trentaine d'équipes, réparties en poules désignées par des lettres : A, B, C...

J'ai disputé mon premier match contre Brive, où jouait l'international australien Peter FitzSimons, un bébé de 2 mètres qui pesait 120 kilos, – à titre de comparaison, mon mètre quatre-vingts et mes modestes 80 kilos faisaient de moi un fluet –, et un super trois-quarts centre, l'international français Pierre Chadebech. Je n'avais pas dormi la veille. Après avoir travaillé au restaurant, j'avais attendu avec un copain la sortie de *Sud-Ouest*, à 1 heure du matin, pour voir si mon nom était sur la feuille de match. Le lendemain, je ne faisais pas le malin, paralysé par la peur de mal faire. Si on a perdu le match, je n'étais pas mécontent de ma prestation : j'avais touché quelques ballons et surtout j'avais réussi pas mal de plaquages.

Je ne peux d'ailleurs pas dire que cette année en première division ait été ma meilleure saison. Le stress dû au manque d'expérience m'empêchait de m'exprimer pleinement. J'ai quand même vécu de beaux moments avec Bègles. Ne serait-ce que pour le plaisir d'affronter de grands joueurs. Philippe Dintrans était un de ceux que j'admirais le plus. Capitaine de l'équipe de France, plus de 50 fois international, vainqueur d'un grand chelem en 1981, vainqueur des All Blacks à Auckland, en 1979, finaliste de la Coupe du monde en 1987, ce talonneur tarbais était particulièrement redoutable en percussion.

Lors de notre match à Tarbes, notre arrière fait un dégagement pourri qui retombe, dans nos

40 mètres, dans les bras de Dintrans. Ce dernier arrive lancé, charge et explose l'arrière. Ne reste plus que moi avant la ligne d'essai. Juste devant le banc des entraîneurs. Le temps de me dire : « Si tu te loupes, tu ne seras pas du prochain match », je me baisse, l'attrape aux chevilles et le retourne. Je me relève tout fier. J'ai fait le boulot.

*

* *

J'avais beau me mettre minable aux entraînements, le haut niveau était difficilement compatible avec mon métier de cuisinier. Même en ces années du rugby amateur, beaucoup des joueurs de l'équipe première avaient des boulots proposés par la mairie, avec des emplois du temps très aménagés, adaptés à leur vie sportive. Moi, pas du tout. J'avais beau être très organisé, j'avais des journées de dingue.

Elles commençaient généralement à 8 heures, au marché des Capucins, avant une mise en place à 9 heures et un service qui durait jusqu'à 14 h 30. Je consacrais ma pause de l'après-midi au sport. Au rugby, bien sûr, mais aussi au squash, extrêmement violent pour le cœur et les articulations, mais sans égal pour se défouler. J'adorais ce sport qui, là encore, pousse au dépassement de soi. Je retournais ensuite travailler au restaurant pour des services qui se terminaient rarement avant minuit. (Plus jeune, durant mes études, c'est à la gymnastique que je me défoulais : j'aimais travailler la maîtrise du corps dans l'espace, aux barres parallèles, à la barre fixe, au cheval-d'arçons... Je n'étais pas très souple, je faisais tout en force.)

Inutile de dire que je n'ai pas souvent profité des troisièmes mi-temps. Quand les potes allaient faire la fête, je repartais généralement bosser. Sans trop penser à me plaindre. Je trouvais déjà génial que mon père puis mes différents chefs acceptent que j'aille m'entraîner et que je participe à des compétitions malgré les risques de blessures. Et je m'en suis fait un paquet !

Je me souviens d'une demi-finale de championnat de France juniors contre Béziers, où je m'étais pété l'articulation acromio-claviculaire. J'étais retombé sur l'épaule après avoir fait un soleil, suite à un fauchage en pleine extension. Le gars était venu me narguer : « Arrête ton cinéma... » Je ne pouvais même plus lui mettre un taquet ! Le lendemain, en l'absence de mes parents, j'avais dû ouvrir le Chipiron seul, avec un apprenti. J'avais assuré le service d'une main, le bras en écharpe. Et j'avais continué ainsi deux semaines avant de commencer ma rééducation, sans jamais cesser de bosser.

Tu ne survis pas longtemps dans ce sport si tu ne te ménages pas, et j'ai toujours été incapable de m'économiser. Quand tu t'engages à fond, tu casses plus facilement. J'ai toujours détesté me sentir diminué physiquement. Mais au lieu de me reposer, je continuais de jouer, même blessé. Non seulement je manquais de temps de récupération, mais je prenais des risques en gérant moi-même un entraînement musculaire souvent inadapté, qui provoquait contractures, claquages... Je paie aujourd'hui ce corps maltraité. Vertèbres tassées, genoux bousillés... Mais je ne regrette rien.

D'autant que cette culture rugby s'intègre parfaitement à l'univers de la cuisine. Ce sport m'a enseigné des valeurs fondamentales, comme l'esprit d'équipe, la solidarité, le sens de l'entraide et le don de soi, parfaitement transposables dans la vie professionnelle, notamment dans la restauration. Surtout quand tu te fixes des objectifs élevés comme le sont les étoiles.

À chaque service, il y a alors un match à gagner. Seul, tu ne construis rien. Tous les rouages du collectif sont essentiels. Comme au rugby, certains postes restent dans l'ombre ou sont plus ingrats que d'autres, mais tous ont leur importance. Sans le travail obscur des lignes d'avant, l'arrière ne peut pas flamber. C'est cette diversité qui crée le groupe. Même chose dans une brigade de cuisine où, là aussi, le capitaine – le chef – doit s'assurer de la motivation et de la valorisation de tous.

Cela passe par un devoir d'exemplarité. Sur le terrain, si le capitaine ne met pas la tête dans les regroupements, les autres joueurs le sentent et risquent de moins s'impliquer. Mais si le leader se fait mal, donne de sa personne, l'équipe suit, chaque individu s'engage pour un même objectif. La transmission, la communication, comme la réussite en compétition, passent par l'exemple que l'on donne à ses coéquipiers.

Les conseils du chef

L'activité sportive, une école de la vie

Pratiquer une activité sportive vous nourrit et est source de nombreux apprentissages qui servent au quotidien et permettent de canaliser un trop-plein d'énergie.

– Apprendre à ne pas s'écouter : gérer la douleur, travailler son mental.

– Faire preuve d'abnégation au service d'un objectif ou d'une équipe.

– Développer une intelligence tactique et stratégique.

– Apprendre à être à l'écoute : des autres, de son corps.

– Trouver sa place, son rôle.

– Identifier ses compétences et ses limites.

– Se lancer des défis.

– Développer sa réactivité et sa capacité d'adaptation.

– S'engager physiquement et moralement.

– Gérer la défaite et la déception.

– Respecter l'adversaire et l'autre en général.

– Connaître ses limites et les dépasser.

Parfois, dans le sport, la notion de plaisir n'est pas immédiate, mais le fait de réussir à atteindre un objectif particulièrement difficile ou éprouvant, d'avoir dépassé la douleur vous procurera une satisfaction immense.

– 11 –

L'ŒIL DU TIGRE

Développer un mental de combattant

La boxe a été l'autre grande affaire de ma vie sportive. Si le rugby met le défi physique au service du collectif, le ring est une épreuve de vérité individuelle. Impossible de tricher ou de se mentir quand on met les gants. Au moment du combat, tu es seul, plus personne ne peut t'aider. Il s'agit d'aller au-delà de sa peur, au-delà de la douleur. Et si tu gagnes, c'est que tu l'as mérité.

J'avais besoin de pratiquer un vrai sport de combat pour vraiment m'évaluer. Pas un art martial, comme le karaté, régi par trop de retenue, mais un sport qui permette un affrontement total.

J'avais un peu pratiqué la boxe française, en 1982, entre deux entraînements de rugby à Bordeaux. J'avais apprécié le côté complet de cette discipline pieds-poings, mais je prenais surtout plaisir à travailler les poings et donc, la boxe anglaise.

En ce début des années 1990, les champions de boxe avaient encore une vraie aura. En particulier Mike Tyson, pour lequel on se levait à 3 heures du matin pour suivre ses combats sur Canal+. Mieux valait d'ailleurs ne pas se réveiller en retard, tellement « Iron Mike » était expéditif.

*
* *

Mes vrais débuts dans la boxe correspondent à mon départ de Bordeaux pour Paris, quand j'intègre la brigade du Clos Longchamp, le restaurant de l'hôtel Méridien dirigé par Jean-Marie Meulien. J'ai alors 22 ans. Dans un premier temps, j'essaie de continuer le rugby, en évoluant au CASG, un club de seconde division qui joue à Paris, au stade Jean-Bouin.

Mon emploi du temps s'accommode mal des entraînements et des matchs à l'extérieur de Paris. Mon corps peine à suivre. Le manque de récupération me rend encore plus sujet aux blessures, devenues ma hantise et celle de mon chef, qui a toujours peur qu'après le match du dimanche je rate le service du lundi. Je me rappelle son soulagement quand j'ai fini par lui annoncer, au bout d'un an, que j'arrêtais le rugby.

A-t-il pour autant été rassuré quand je me suis mis à la boxe ? J'en doute, mais il n'en a rien dit. J'ai commencé doucement à fréquenter les rings. D'abord en m'inscrivant dans une salle du Gymnase Club, proche de l'hôtel Méridien, une des seules qui proposaient une activité de boxe anglaise. Mes débuts n'ont pas été brillants. Comme j'avais dit que j'avais déjà un peu boxé, le prof m'a tout de suite fait monter sur le ring. J'étais lourd, puissant et j'appuyais mes coups alors qu'on me demandait d'y aller doucement. Au deuxième round, le prof a pris le relais et m'a mis une leçon. Bam ! Bam ! Bam ! « T'as vu ? »

En pénitence, je me suis entraîné seul pendant deux-trois mois. À travailler mon direct du gauche, au sac, en shadow-boxing devant la glace, en me concentrant sur la vitesse et la souplesse. J'ai redemandé à mettre les gants. Le prof a vu que j'avais progressé et appris à me contrôler. Il m'a alors pris sous son aile et m'a donné de vraies leçons, trois à quatre fois par semaine.

Dans cette salle, j'ai côtoyé Mouss Diouf qui, avant de devenir acteur, avait été un bon boxeur, puissant et rapide. J'y ai aussi rencontré Jean-Claude Bouttier, qui était également client du Clos Longchamp. Figure mythique de la boxe des années 1970, après deux championnats du monde héroïques contre l'Argentin Carlos Monzon, cet ancien champion d'Europe des poids moyens commentait, avec Christian Delcourt, tous les grands combats sur Canal+. Leurs voix étaient pour moi synonymes de moments d'anthologie.

Un jour, alors qu'il se trouvait à la salle de boxe, je demande à Bouttier de mettre les gants avec moi. Dès le premier échange, je lui mets une gauche. « Toi, tu ne me touches plus », me dit-il. Il n'était plus tout jeune, et dans la foulée, je lui passe trois autres directs. À la fin des reprises, il m'annonce : « Toi, petit, il faut que tu montes sur un ring ! » Son message m'a lancé un défi : faire de la compétition, combattre, pour de vrai… Et rien de plus motivant pour moi qu'un défi, formulé d'autant plus par une légende de la boxe !

Cette nouvelle aventure pugilistique commence pour moi quand je redescends dans le

Sud, fin 1992, pour travailler comme second aux côtés de Dominique Toulousy, aux Jardins de l'Opéra, à Toulouse. Une fois installé, je m'inscris au club de boxe de Blagnac, dirigé par un formidable entraîneur, Mohamed Bennama – dit Ben –, qui, plus tard, accompagnera jusqu'au sommet le champion du monde franco-iranien Mahyar Monshipour.

Rapidement, je me fixe un objectif : devenir champion régional Midi-Pyrénées, catégorie mi-lourds. Quand je me détermine un but, je m'investis à fond pour y parvenir. En boxe, pas de secret, l'intensité de la préparation doit aller de pair avec une bonne hygiène de vie. Car l'entraînement est en lui-même un challenge. Non seulement le boxeur travaille sa technique, sa rapidité, sa tonicité, sa résistance et sa puissance, mais il est confronté à la réalité du combat avec des sparring-partners.

L'ambiance d'une salle de boxe est à la fois fraternelle et ultracompétitive. Tu ne pars pas à l'entraînement l'esprit léger. Le but est de progresser en te mesurant à plus fort que toi. Tu sais que ça va cogner et que les erreurs se paient cash. Une soirée trop arrosée, tu baisses un peu trop ta garde le lendemain, et ça ne pardonne pas.

À Blagnac, il y avait beaucoup de bons boxeurs, d'anciens professionnels ou des gars toujours en activité. Lors de mon premier combat d'entraînement avec l'un d'eux, je m'étais retrouvé à terre à la deuxième reprise. Je me suis juré que plus jamais il ne me remettrait K.-O. Chaque jour, je mettais les gants avec lui, la boule au ventre, mais sans reculer devant tant de métier, avec, à la fin, la satisfaction d'avoir fait le boulot.

Mon premier vrai combat s'est déroulé lors d'un tournoi où le club de Blagnac rencontrait celui d'Oran. Très affûté et tendu comme un arc, j'ai dévoré mon adversaire. Le gars comptait tout de même soixante combats, mais il s'est fait déborder par mes enchaînements corps-face et a abandonné au deuxième round. Cela a même créé une polémique, le directeur du club d'Oran ne voulant pas croire que c'était mon premier combat.

Mon second match a été plus laborieux. Je faisais très attention à mon hygiène de vie – je ne sortais plus le soir, je n'allais plus boire de coups avec les copains –, je m'entraînais intensément, mais j'avais eu cette fois du mal à descendre en dessous du poids maximum autorisé – 79 kilos – pour ce combat.

Mon chef, Dominique Toulousy, préparait à l'époque le concours du Meilleur Ouvrier de France. À son programme figurait une tarte Tatin, un de mes desserts préférés. Je voyais défiler en cuisine ces merveilles caramélisées sans pouvoir en goûter une. Après un ultime entraînement, malgré tous mes efforts, je faisais toujours 81 kilos ! Le soir, au restaurant, j'étais tellement énervé qu'après le service, j'ai dévoré la moitié d'une tarte. À la pesée, le lendemain, j'atteignais miraculeusement 78,8 kilos ! Comme quoi, j'aurais pu y goûter plus tôt !

Par manque d'influx nerveux, j'ai boxé cette fois de façon plus brouillonne, dans un combat gagné aux points qui tenait plus de la bagarre de rue.

Au bout de trois autres combats, tous victorieux cette fois, avant la limite, j'ai gagné le droit d'affronter le champion Midi-Pyrénées, un tueur que j'avais vu détruire un de ses adversaires en trente secondes. Depuis, mon objectif était de rencontrer ce mec et de lui mettre une tôle !

Deux semaines avant le combat, je ne faisais pourtant pas le fier... Les affiches étaient imprimées, mais le stress s'amplifiait. En compétition, cette tension te fait perdre trente pour cent de tes moyens. Pour prévenir cette fatigue, qui vient plus vite au moment de l'affrontement, il faut mettre les bouchées doubles à l'entraînement. Mais, même si tu enchaînes dix rounds intenses en salle, tu ressors moins rincé qu'au bout des trois fois trois minutes de combat. Une épreuve qui commence même dans le vestiaire, dans l'angoisse de l'attente, qui grandit au moment d'enjamber les cordes, jusqu'au coup de gong, libérateur d'un flot d'adrénaline proportionnel à ta mise en danger. Des sensations extraordinaires, difficiles à comprendre tant qu'on ne les a pas vécues.

Quinze jours avant la rencontre donc, je commence à reculer devant l'obstacle. Je veux prétexter un empêchement professionnel pour annuler le match. Et en même temps, je me traite de tous les noms : « T'es qu'un trouillard ! Empaffé ! » Finalement, une semaine avant, après bien des tergiversations, j'assure à Ben que je serai prêt. À une seule condition : faire le premier combat d'une soirée qui en comptait une dizaine. J'avais, certes, un service à assurer ensuite au restaurant, mais j'avais surtout peur de gamberger.

Mon adversaire était plus grand, un peu plus jeune mais plus expérimenté que moi. Venu tard à la boxe, j'avais déjà 27 ans et ce n'était que mon sixième combat. Lui devait en avoir une vingtaine à son actif. Pourtant, tout s'est passé comme dans un rêve. Une première droite l'a désarçonné, avant qu'un de mes uppercuts le touche au foie dès la première reprise. Je ne lui ai pas laissé le temps de récupérer et j'ai remporté le match en moins de trois minutes, sans qu'il me touche vraiment. La satisfaction d'une victoire en boxe est d'autant plus forte que le travail en amont est énorme. Là, tout avait été tellement vite que j'en étais presque frustré.

J'avais en tout cas atteint mon objectif. Peut-être aurais-je pu tenter de pousser jusqu'au championnat de France. Mais les contraintes de la compétition étaient trop grandes par rapport aux exigences d'un restaurant gastronomique qui pouvait me prendre près de quatorze heures par jour. Je n'avais pas envie de faire carrière dans la boxe, mais de voir de quoi j'étais capable. Une attitude révélatrice de mon état d'esprit, dans tout ce que j'entreprends. Les hasards de la vie me mettent face à des challenges qui me font me demander : « Pourrai-je le faire ? » À partir du moment où je décide d'y aller, je me donne les moyens d'aller jusqu'au bout. Avant de passer à autre chose d'excitant, une fois le but atteint.

L'arrêt de la compétition ne m'a pas empêché de continuer de boxer. J'ai fréquenté les salles au gré de mes changements de poste et de ma progression de cuisinier. Je ne m'imposais plus la même discipline, j'y allais pour me défouler, me vider la tête. Une fois revenu devant les fourneaux, l'intensité de cette activité physique me permettait de me concentrer plus sereinement sur l'activité cérébrale, artistique et émotionnelle qu'est pour moi la cuisine.

Jusqu'en 2008, soit près de quinze ans après mon dernier combat officiel, je me suis entraîné presque trois fois par semaine, mettant les gants avec pas mal de boxeurs en fin de carrière qui avaient envie de s'amuser. C'était sympa, mais ça restait viril. Comme quand je montais sur le ring, au club de Libourne, avec Jerry Benech, vice-champion de France des poids lourds et sparring-partner du champion du monde Fabrice Tiozzo, ou avec Christophe Mendy, un beau bébé de 110 kilos, six fois champion de France, médaille de bronze au championnat du monde en 1995, et quatrième des Jeux olympiques d'Atlanta en 1996.

Parmi les moments d'exception que je dois à la boxe figure aussi la préparation au championnat du monde des super-coqs que Mahyar Monshipour, champion en titre, était venu mener à Saint-Émilion en 2004, dans les murs de l'Hostellerie de Plaisance. Mohamed Bennama, mon ancien entraîneur, qui s'occupait de lui, m'avait demandé de les recevoir pour trois semaines, lui, Mahyar et ses sparring-partners. La mairie avait fait installer un ring dans la salle des Dominicains. Sacré effet de voir ces boxeurs s'entraîner dans ce monument historique ! L'équipe mangeait midi et soir les repas spéciaux que je lui préparais. Et j'en profitais pour reprendre des leçons avec Ben.

À la fin de sa préparation, Mahyar me dit : « On a pensé à un truc avec Ben. Ça te ferait plaisir de porter la ceinture et de m'accompagner sur le ring ? » Et comment ! Porter l'énorme ceinture métallisée, symbole du titre de champion du monde, quel privilège ! Juste avant le combat, je suis resté dix minutes seul avec Mahyar dans le vestiaire. À lui donner à boire, à l'échauffer avec ces gants d'entraînement qu'on appelle des « palets ». Dans le silence rempli de tension qui régnait à ce moment-là, j'avais l'impression de ressentir tout ce qu'il ressentait. Je revivais mes souvenirs de stress d'avant combat, multiplié par l'enjeu du titre suprême.

Puis toute l'équipe a traversé Bercy, plein comme un œuf, Mahyar devant, moi derrière lui, portant à bout de bras sa ceinture de champion du monde. Les projecteurs nous aveuglaient, les gens hurlaient. On est montés sur le ring pour une *Marseillaise* pleine de frissons. Je suis resté dans son coin, pendant que Mahyar livrait un combat fantastique contre le Thaïlandais Yoddamrong Sithyodthong. Avec cette rage, cette rapidité, cette énergie qui le caractérisaient, il a gagné par arrêt de l'arbitre à la huitième reprise.

Ce moment était tellement fort que, pendant des mois, j'ai refait le combat dans la salle de restaurant, joignant les gestes à la parole devant les clients. La dimension émotionnelle de cette journée avait été d'autant plus inoubliable que, trente minutes avant le combat de Monshipour, j'avais reçu un coup de fil de l'ambassade du Mexique, qui confirmait, après des années d'attente, que Dominique et moi allions pouvoir adopter un petit garçon ! Je vous laisse imaginer la force explosive de ce cocktail d'émotions !

*

* *

De la même façon que le rugby m'a enseigné l'esprit d'équipe, la boxe m'a forgé un mental de combattant. Le courage d'affronter sa peur et le risque de l'échec, la certitude de l'aboutissement des plus durs efforts, la capacité de gérer le stress, je les dois à ce sport. Cela m'a très souvent été utile. En particulier en 2000, lors du concours si difficile – techniquement et nerveusement – du Meilleur Ouvrier de France.

En entrant dans la cuisine du MOF, j'avais la même tête des mauvais jours que quand je montais sur le ring. J'étais dans ma bulle, prêt à envoyer du lourd. Comme lors d'un combat, cette compétition de cuisine impose un stress qui fait perdre une partie de ses moyens. Le moindre pépin peut déconcentrer définitivement le meilleur des techniciens. En plein concours, quand je me suis coupé sérieusement alors que j'étais sous anticoagulant et que je pissais le sang, j'ai résisté à la panique en grande partie grâce à la boxe, qui m'a appris à me faire mal, à ne rien lâcher et à gérer le stress. C'est aussi grâce à elle que je porte aujourd'hui le col bleu-blanc-rouge.

J'ai arrêté la pratique du « noble art » depuis 2008, mais je garde la nostalgie des ambiances de salle de boxe, de l'intensité des entraînements, de l'adrénaline des affrontements. Et je ne résiste pas lorsque, de manière exceptionnelle, on me propose de remettre les gants.

L'opportunité peut se présenter par surprise, comme en juin 2015, alors que nous étions en tournage à Lyon. Dans la rue, un inconnu se présente à moi pour me saluer et m'expliquer qu'il part s'entraîner dans la salle de Fabrice Tiozzo. Ancien champion du monde des lourds-légers et des mi-lourds dans la seconde moitié des années 1990 et au début des années 2000, ce garçon de 46 ans aujourd'hui a été l'un des plus talentueux boxeurs que la France ait connus.

Dans la foulée, l'inconnu me propose de venir faire un tour à la salle le lendemain pour un petit entraînement avec Tiozzo. Il ne fallait pas me le dire deux fois. Après un coup de fil pour vérifier que la chose pouvait se faire, j'ai retrouvé Fabrice dans sa salle pour une petite leçon et trois rounds de boxe. Un pur bonheur ! Si je dois avouer que ma condition physique souffre actuellement de mon emploi du temps surchargé, j'étais heureux de constater que la technique pugilistique ne s'oublie pas plus que de monter à vélo.

Face à cet immense champion, mon premier round a été honorable, même si j'ai tiré la langue pendant les deux suivants. À l'issue du combat, il me dit : « Tu cognes fort. » (Et lui aussi !!) En rigolant, Tiozzo m'a reproché de lui avoir fait une petite marque sur le nez. Jouant les petits garçons, je lui ai assuré ne pas l'avoir fait exprès. Nous avons sympathisé, beaucoup parlé. J'étais heureux comme un gamin de retrouver la sueur et l'excitation du ring. Et surtout d'avoir croisé les gants avec ce grand champion !

Les conseils du chef

Gérer l'échec, c'est préparer la réussite et apprendre à rebondir

– Ne restez pas sur un échec, transformez-le. Pour ma part, mes échecs m'ont toujours servi à avancer, si bien qu'avec le recul, je les vois comme des réussites !

J'ai le souvenir d'avoir été mis K.-O. face à un boxeur professionnel la première fois que je l'ai rencontré. Après ça, je me suis juré qu'il ne me remettrait plus jamais à terre, et grâce à lui, j'ai par la suite gagné tous mes combats !

Le plus grave, ce n'est pas la défaite, mais c'est d'avoir le sentiment qu'on n'a pas tout donné. Ça peut arriver de perdre contre plus fort que soi.

Ne passez pas à côté de quelque chose, donnez tout !

– 12 –

Garder la forme sans se faire mal

En 2008, la récompense d'une deuxième étoile à l'Hostellerie de Plaisance, à Saint-Émilion, a entraîné un tel surplus de travail que j'ai dû arrêter la boxe et me couper du sport pendant six mois. Le résultat ne s'est pas fait attendre. À trimer jour et nuit, sans prendre le temps de vider et recharger les batteries par le défoulement physique, je perdais en condition autant qu'en force mentale. Fatigue, irritabilité… Mon corps comme mon esprit refusaient d'être privés de cet engagement athlétique qui m'accompagnait depuis toujours.

Comment adapter une vie professionnelle de plus en plus prenante à ce besoin de sport ? Dominique, mon épouse, m'a alors suggéré de faire appel à un coach. Pour quelqu'un d'habitué comme moi à l'intensité virile des entraînements de rugby ou de boxe, le coaching avait une connotation domestique et bourgeoise qui ne m'attirait pas du tout. Sans me le dire, Dom a tout de même fait venir quelqu'un à la maison, et après plus de deux heures à discuter pour comprendre nos souhaits et nos besoins, Ludo a commencé à s'occuper de nous.

Grâce à lui, à 48 ans, je me suis maintenu en forme, j'ai gardé mon souffle et mon énergie, tout en préservant pour la première fois mon corps des blessures. Car si Ludo a compris que je réclamais des exercices intensifs qui me donnent l'impression de me surpasser, il a aussi vite vu que ma carcasse avait connu suffisamment de pépins pour ne pas en rajouter.

Il m'a d'ailleurs accompagné à la clinique du Sport de Mérignac, où un chirurgien a fait le point sur mes anciens traumatismes et opérations. Tassement vertébral, tendons de biceps sectionnés et surtout genoux bousillés sont des contraintes auxquelles Ludo et moi nous sommes adaptés, sans renoncer à l'intensité de l'effort. Que ce soit au rameur, au sac, dans les enchaînements, les positions ou les pompes, je continue de vouloir en chier.

Je n'ai jamais eu le culte du corps, au sens narcissique du terme. Je cherche d'abord à brûler mon énergie, à me lancer des défis et à faire le plein de vitalité. Mais je suis également conscient de l'importance que peut avoir une apparence extérieure. L'image que tu renvoies est d'abord celle de ton physique, de même qu'on juge d'abord un plat par son visuel, avant de le goûter. Je sais que j'ai une carrure et une gueule (surtout depuis que Dominique m'a conseillé de me raser la tête, il y a une dizaine d'années, quand mon crâne a commencé à se dégarnir), un physique dont l'impact a bien sûr été amplifié par les émissions de télé. Le sport m'a permis d'avoir de la présence, même si j'espère surtout et avant tout me faire respecter par mes compétences.

*

* *

En 2013, j'ai connu une belle occasion de vérifier que je n'étais pas physiquement largué, quand les gars du GIPN – le Groupement d'intervention de la Police nationale – m'ont proposé de passer une journée avec eux. Un de leurs « négociateurs », Vincent, m'avait contacté car il voyait des similitudes entre l'émission « Cauchemar en cuisine », où j'interviens en mode « commando » pour aider des restaurateurs en difficulté, et la dimension humaine de leurs actions. Comme un gamin réalisant un rêve, j'ai immédiatement accepté leur invitation. L'occasion de rencontrer des gens extraordinaires et de vivre une suite de situations dignes d'un grand film d'action.

Le jour J, à 7 heures du matin, je les ai retrouvés à leur base de Bordeaux. Après un topo sur le mode de fonctionnement de ce groupe d'une quinzaine de gendarmes, les épreuves ont commencé. D'abord mon enlèvement par un commando armé, puis un « échauffement » sur un circuit où je devais courir avec une croix de bois de 40 kilos – censée figurer un ami blessé – et enchaîner pompes, abdos et tractions. Avant une opération de sauvetage où, masque à gaz sur le visage, je devais récupérer dans une maison enfumée le corps inerte d'un coéquipier, en résistant aux détonations, hurlements, coups et diverses embûches. Les poumons en feu, l'acide lactique paralysant mes muscles.

Après une descente en rappel, depuis le sommet d'un château d'eau, ils m'ont initié au tir avec des armes que je n'avais jamais vues d'aussi près. La technique des tireurs d'élite, visant une cible à la base du nez, grosse comme une pièce de 2 euros, puis celle des commandos, harnaché de 45 kilos d'équipement. J'ai même eu à libérer un otage en essayant de le distinguer de son kidnappeur surgi dans l'obscurité. Il me fallait tirer sur l'un sans blesser l'autre. Sur la silhouette du gentil, ces petits plaisantins avaient collé une veste blanche, un col bleu-blanc-rouge et ma photo. Nous nous sommes aussi affrontés lors de petits combats de boxe. Ce qui me valut d'entendre un « Il a de beaux restes, le chef ! », qui m'a fait plaisir.

Au-delà de l'excitation de ces exercices, il était passionnant de découvrir le métier de ces « super-policiers ». Qu'il s'agisse de leur politique de recrutement, insistant autant sur la condition physique et le courage que sur le sang-froid, les capacités d'analyse et la finesse psychologique, ou des modes et priorités de leurs négociations, privilégiant le sauvetage de l'otage, la protection de leur coéquipier, mais aussi la vie du malfaiteur.

Leur sens du devoir m'a impressionné, alors que ces hommes – souvent héroïques – touchent des salaires modestes et travaillent dans des locaux rudimentaires. Quand je leur ai demandé qu'elle était leur motivation, tous m'ont répondu : « On a la foi ! »

Loin d'être des têtes brûlées, ces garçons, comme ceux du RAID ou du GIGN, associent toutes les qualités du sportif de haut niveau à un mental et une intelligence hors norme. L'actualité tragique de janvier 2015 nous a encore donné l'occasion de nous en souvenir…

– 13 –

Éloge de la vitesse et du carburateur

La moto est ma monture préférée. J'y ai d'abord pris goût en venant travailler à Paris, à la fin des années 1980, parce qu'elle m'offrait un antidote aux embouteillages de la capitale. Puis s'est vite imposée à moi la sportivité un peu sauvage de l'engin.

Mon approche de la moto a évolué avec l'âge. Plus jeune, j'adorais avant tout me griser de sa puissance, de ses accélérations et des décharges d'adrénaline que représentaient les pointes de vitesse et les prises de risque.

Aujourd'hui, si je reste fasciné par la virilité de ces machines et le côté cuir du look motard, le deux-roues est avant tout pour moi un moyen de transport, un instrument de travail, dont je privilégie la sécurité et le confort.

Mais même en mode « familial » ou « tourisme », ces machines continuent de me donner une sensation unique de liberté. Et un des plus efficaces moyens d'évasion que je connaisse. À la fois pour la rapidité que la moto offre quand on veut s'échapper de l'étouffement urbain, mais aussi pour le plaisir sensuel d'être en prise avec un environnement. En quelques coups d'accélérateur, en toute autonomie, on se retrouve loin du stress et des soucis quotidiens, pour des moments de plénitude qui font beaucoup de bien.

J'aime particulièrement cultiver cet art de la fugue lors de longues virées entre potes. Compagnon privilégié de ces échappées, mon vieux copain Michel Portos, fan de Ducati (quand je suis plus BMW), qui, dans sa jeunesse, avait d'ailleurs postulé à la gendarmerie motocycliste avant de devenir un grand cuisinier.

Le rendez-vous n'a rien de régulier, trop de planification en tuerait le charme. Mais quand nous décidons de tracer la route, la balade reste bien souvent inoubliable. Sentiment de liberté, plaisir juvénile de se tirer la bourre, mais aussi de profiter des paysages, de la beauté bucolique des spots vers lesquels nous roulons (gorges du Tarn, Aveyron, plateau de Millevaches), et où nous attend la promesse d'un bon gueuleton. Immense souvenir, par exemple, de serpenter à travers les sombres forêts de Haute-Loire jusqu'à Saint-Bonnet-le-Froid, pour un repas de rêve chez Régis et Jacques Marcon, rois triplement étoilés des champignons…

– 14 –

À FOND LA CAISSE

Dominique dit parfois que j'aurais été plus heureux dans un groupe de rock que dans une brigade de cuisiniers. Je ne sais pas si j'ai raté une vocation, mais il est sûr que j'ai plus admiré les grands musiciens que les grands chefs. Si j'ai l'habitude de dire que je n'ai aucune vraie passion et que tout, pour moi, peut être objet d'engagement et de perfectionnisme, jouer derrière une batterie me procure un plaisir proche de l'obsession.

J'ai toujours écouté beaucoup de musique. Vers l'âge de 9-10 ans, j'ai pris une claque en découvrant Elvis. Des années après les débuts du rock'n'roll, les vieilles images du King restaient captivantes et ses classiques n'avaient rien perdu de leur sex-appeal. Je suis ensuite tombé amoureux des chansons des Beatles, qui aujourd'hui encore me fascinent.

Avec la puberté, mes goûts se sont musclés. Il fallait que ça cogne et le hard-rock d'AC/DC ou les déchaînements d'Iron Maiden remplissaient parfaitement cette mission. J'ai gardé un faible par cet art du riff et du pilonnage, et je n'ai d'ailleurs pas raté le dernier concert d'AC/DC, au Stade de France, en mai 2015, où l'incre-vable Angus Young et sa bande nous ont régalés d'hymnes à la pelle.

J'ai aussi eu ma période *new wave*, dans les années 1980, avec The Cure, Police, Clash ou New Order, et mes oreilles n'ont pas arrêté de s'ouvrir à d'autres musiques comme le prouve aujourd'hui le contenu de mon iPod, où on trouve aussi bien David Bowie que Gorillaz, les Négresses vertes, Thin Lizzy, Blur, Pink Floyd ou Noir Désir.

Quels que soient les groupes ou les artistes, j'ai toujours été sensible à la colonne vertébrale constituée par leur section rythmique. Avec encore plus d'affinités pour les batteurs que pour les bassistes. Au point que j'ai fini par m'acheter une batterie, il y a une vingtaine d'années.

Pendant longtemps, je me suis contenté d'apprendre en autodidacte, jouant par-dessus mes disques préférés en m'imaginant sur la scène de Wembley ou du Zénith. Jusqu'à ce que je rencontre Patrice Chapuis, il y a environ deux ans.

Il était venu dîner à Plaisance avec des amis et m'avait dit, à la fin du repas, qu'il n'avait jamais connu pareille émotion culinaire. Alors que j'allais passer à autre chose, il m'a confié qu'il était batteur et même professeur de batterie. La conversation est repartie de plus belle quand je lui ai fait part de mes velléités de cogneur de fûts. De caisse claire en charleston, il a fini par me dire : « Vous m'avez fait tellement plaisir ce soir que je vous propose de passer me voir pour que je vous donne quelques conseils. »

Une offre pas tombée dans l'oreille d'un sourd. Je l'ai rappelé quelques mois plus tard et suis allé prendre ma première leçon. Pour constater que, malgré mes années de pratique amateur, j'avais tout à apprendre ! J'ai alors décidé de m'y mettre sérieusement. À ma manière, en me donnant à fond. Soit de trois à quatre leçons par semaine et des gammes répétées tous les soirs jusqu'à 2 heures du matin, en suivant des partitions, sur ma batterie électronique, parfois au grand désarroi de Dominique.

Si cet instrument me plaît autant, c'est sans doute parce qu'il fusionne deux côtés apparemment opposés de ma personnalité. D'une part mon besoin constant de défoulement physique, de l'autre mon goût pour la précision technique. Devant les fûts, bras et jambes doivent chacun avoir son autonomie, guidés par un cerveau qui doit dissocier informations et mouvements. Comme quand on monte à cheval, la pratique de la batterie oblige à rester toujours concentré, permettant en cela de se couper idéalement du reste du monde.

Mon emploi du temps de dingue et mes déplacements incessants ne me permettent plus de tout à fait tenir ce… rythme, mais j'ai quand même réussi à m'adapter à ces contraintes. Où que j'aille, j'emporte avec moi le manuel pédagogique que m'a conseillé Patrice Chapuis et je transporte mes pads, ces éléments de batterie qui permettent de s'entraîner sans (presque) déranger les autres.

Toutes les occasions sont bonnes pour jouer. Deux heures de trajet en voiture, les longs moments d'attente sur les plateaux de tournage… Certains en profiteraient pour imaginer des recettes, moi je travaille ma vitesse et ma vélocité de batteur. D'autant que j'ai trouvé un complice en la personne de Thomas Payet dit « la Légende », membre de la production de « Cauchemar en cuisine », « Top Chef » et « Objectif Top Chef », qui est aussi guitariste dans un groupe un peu vénère. L'autre jour, de passage à Boulogne-sur-Mer, nous nous sommes loué, comme nous le faisons parfois quand je monte sur Paris, un petit studio de répétition pour faire un bœuf.

Si le temps m'a jusque-là manqué pour donner un vrai concert, j'adorerais un jour jouer en live. Qui sait ? Pourquoi ne pas organiser ça à Bordeaux, lors d'une prochaine fête de la musique ? Sur une scène, place de la Comédie, face au Quatrième Mur, le restaurant du Grand Théâtre ? Pour en franchir un cinquième, celui du son…

Quatrième partie

DERRIÈRE LA RÉUSSITE DE CHAQUE HOMME, IL Y A UNE FEMME

– 15 –

L'OURS ET LA POUPÉE

Mon aventure est depuis longtemps celle du couple que je forme avec Dominique. Tous les défis et paris relevés ces deux dernières décennies ont été le fruit de notre complicité amoureuse et professionnelle, nourrie, renforcée par les joies autant que par les épreuves. Certes, j'ai toujours préféré remonter les torrents et franchir les obstacles que descendre la vie comme un long fleuve tranquille. Mais sans la dynamique provoquée par l'alchimie de nos deux personnalités, pas sûr que mon énergie aurait suffi à bâtir cette histoire.

Si je peux qualifier de coup de foudre ma première rencontre avec Dom, en octobre 1994, notre relation ne s'est toutefois pas forcément construite dans la facilité.

Instantanément séduit par cette brune éclatante, j'avais demandé conseil à l'une de ses copines qui m'avait confié que Dominique adorait les chocolats. Quelques jours plus tard, je lui offrais un bouquet de roses que j'avais moi-même façonnées, des feuilles aux pétales, avec des plaques de cacao.

*

* *

Dominique et moi sommes très différents, tout en étant faits l'un pour l'autre. Malgré mes origines basques, j'ai peu de sentiment d'enracinement, étant né à Soissons, dans l'Aisne, avant de déménager dans plusieurs coins de France au gré des différents postes de mon père, jusqu'à ce que mes parents s'installent à Bordeaux. Dominique, au contraire, se sent charnellement attachée à sa ville de Toulouse où vivent ses parents.

Nos caractères sont complémentaires. Je suis un instinctif, qui aime foncer, parfois tête baissée. Dominique est plus posée, plus philosophe et maligne. Elle adore lire, écrire, aller au théâtre, au musée ou au cinéma, souvent en solitaire, alors que mon perpétuel besoin d'action m'éloigne du contemplatif et me rapproche des gens. Aussi déterminée que moi, Dominique sait faire preuve de beaucoup plus de patience et de diplomatie. Quand mon esprit cartésien se révolte au moindre manque de logique, Dom sait louvoyer pour parvenir à ses fins.

Ma femme perçoit des choses que je ne vois pas, sait me convaincre avec subtilité. Elle me reproche parfois d'être naïf. J'ai en effet tendance à penser que tout le monde est droit. Ma femme me rappelle de temps en temps que ce n'est pas le cas. Mais nous partageons aussi un tempérament positif, imperméable aux spirales dépressives. La certitude qu'il faut aller de l'avant quelles que soient les circonstances. Un état d'esprit qui nous a souvent été utile dans notre parcours professionnel, comme dans notre vie familiale.

*

* *

Nous avons commencé à travailler ensemble quand j'ai quitté les cuisines du Grand Barrail, en 2001, pour prendre la direction du château des Reynats, dans le Périgord. La première année fut rude. Dominique se retrouvait à la tête d'un hôtel en perdition, alors qu'elle n'avait aucune expérience du métier.

Elle a alors connu des moments de stress, d'abattement, mais elle a toujours serré les dents, accéléré son apprentissage, jusqu'à ce que nous transformions ensemble cette maison, avec la même conviction que la détermination est le meilleur remède au découragement.

Nombreux sont ceux qui travaillent en couple dans le milieu de la restauration. Comme partout, ce mélange entre vie intime et vie professionnelle peut mettre à mal une relation, et je connais plusieurs chefs dont le mariage n'a pas résisté à ce type d'association. Avec Dominique, au contraire, le temps et les expériences ont resserré nos liens et rodé une méthode de fonctionnement qui sait respecter l'indépendance de chacun.

Nous prenons toujours les décisions ensemble. Bien sûr, nous ne partageons pas systématiquement le même avis. Mais chacun prend le temps d'écouter l'autre et d'argumenter. En intuitif, j'ai tendance à me fier à ma première impression. Plus réfléchie, Dominique sait m'amener en finesse à repenser les choses. Logiquement, son rôle à mes côtés a évolué en même temps que mes activités télévisuelles. Aujourd'hui, elle est à la fois mon agent, mon assistante, ma conseillère, celle qui gère, dans l'ombre, l'intendance et l'administratif de tous nos projets.

Comme moi, Dominique a du mal à comprendre l'autoapitoiement. Nous considérons la vie comme une aventure où les problèmes ne doivent pas être des occasions de baisser les bras, mais des opportunités pour trouver des solutions. Où les chutes rendent encore plus belles les chances de se relever. Nous l'avons vérifié dans notre vie professionnelle comme dans l'intimité de notre couple. Ensemble, nous avons affronté des épreuves difficiles de la vie que nous avons dépassées et parfois même transformées en magnifiques victoires.

Les conseils du chef

Trouver son alter ego en amour et/ou en affaires

Pouvoir s'appuyer sur ses proches, son conjoint, trouver son sparring-partner est un atout considérable, mais toute relation se travaille ! Le secret d'une bonne relation (d'après moi) ? Cela implique de :

– savoir écouter l'autre, communiquer.

– savoir faire des compromis.

– trouver sa place et respecter le territoire de chacun.

– 16 –

ET SI ON CONSTRUISAIT ?

Dominique me reproche souvent de ne pas savoir m'arrêter. J'en suis conscient. Mon besoin d'être toujours en mouvement et mon énergie à revendre datent de l'enfance. J'ai d'abord appris à les canaliser grâce au sport, puis en m'investissant dans un métier et des projets considérés comme autant de missions. Ce besoin continuel d'action, de défoulement me poursuit aussi pendant mon temps libre.

Depuis toujours, les moments censés être consacrés au repos sont rarement synonymes de farniente. J'ai certes besoin de coupure, de me ressourcer en famille en oubliant la pression du quotidien, que ce soit celui des cuisines ou des tournages, mais l'oisiveté me porte vite sur les nerfs.

Je suis allergique à la chaise longue, mon énergie doit se trouver une occupation. Rien de tel pour cela qu'une maison en travaux. L'effort physique se double du plaisir de voir avancer quelque chose que l'on a construit de ses mains. J'en ai pris particulièrement conscience quand, à l'époque du Grand Barrail, nous avons acheté une maison à Saint-Genès-de-Castillon, pour nous rapprocher de Saint-Émilion.

Posée au sommet d'une butte qui domine la vallée, entourée d'un terrain de 2 500 mètres carrés, cette vieille demeure au toit d'ardoises, envahie par les ronces, avait de faux airs de la baraque hantée du film *Amityville*. Dominique et moi l'avions achetée pour une bouchée de pain, sans toutefois nous rendre bien compte des travaux nécessaires pour la rendre habitable. Après un devis intenable pour notre budget de jeune couple, j'ai décidé de me charger des travaux.

Pendant deux ans, tous mes breaks de l'après-midi, entre les services du déjeuner et du dîner, et mes jours de repos furent ainsi consacrés à la remise en état du lieu, qu'il gèle par –15 °C ou qu'on cuise sous la canicule. La tâche était herculéenne, mais je me suis régalé, aidé par un mec génial, fonctionnant sur un mode d'increvable diesel, quand je ne pouvais m'empêcher de bosser en accéléré. Qu'il s'agisse de raser arbres et broussailles, d'abattre des murs, de piocher dans la roche, de reconstruire une charpente et des pièces entières…

La maçonnerie est un beau métier qui mêle l'intensité de l'effort physique et une indispensable précision. J'y retrouve même des points communs avec la pâtisserie, dans le rapport tactile à la matière – comme au moment de gâcher du plâtre ou du mortier – et la méticulosité des finitions.

Un an à peine après la fin de ces travaux, nous devions déménager dans le Périgord pour prendre la direction du château des Reynats. Autant d'efforts pour si peu en profiter… J'aurais dû, logiquement, subir un méchant coup de blues. Mais, comme souvent, le plaisir d'avoir été au bout de mon pari suffisait à mon bonheur. Je me revois expliquant les années de travaux à la personne qui rachetait notre maison. Le type en avait les larmes aux yeux. Pas moi. J'avais fait ce que j'avais à faire, une page pouvait se tourner.

Cinquième partie

L'ÉNERGIE DU CHANGEMENT

– 17 –

Les étoiles de Saint-Émilion

Est-ce le manque d'ancrage géographique de ma jeunesse ? L'exemple d'un père qui a beaucoup bourlingué avant de s'installer à Bordeaux ? Mon statut de chef-employé, si différent de celui de chef-propriétaire ? Ou simplement un appétit de vie et d'expériences ? Je ne me suis en tout cas jamais senti prisonnier d'un enracinement ou d'un confort. Au contraire, chaque étape de mon parcours de cuisinier m'a poussé à me dépasser, jusqu'à atteindre le but que je m'étais fixé. Mais dès que je me suis senti tourner en rond, les opportunités de progression m'ont incité à gravir ailleurs de nouveaux échelons. En construisant toujours à partir des expériences qui m'avaient précédemment enrichi.

Le cas de figure se présente une fois encore en 2003, quand Dominique et moi rencontrons Gérard et Chantal Perse, anciens magnats de la grande distribution reconvertis dans le vin. Dans la foulée, le couple a également investi, en 2001, dans l'Hostellerie de Plaisance, un ancien relais de poste du XIVe siècle, en plein cœur de la ville médiévale, devenu un luxueux hôtel-restaurant affilié au label Relais & Châteaux.

Nous lions connaissance quand M. et Mme Perse viennent faire un repas de fin d'année au château des Reynats. Ils m'apprennent à l'occasion avoir pensé à moi pour le poste de chef à leur arrivée à Saint-Émilion, alors que je dirigeais les cuisines du Grand Barrail, mais une clause de non-concurrence m'empêchant de partir du restaurant pour un autre situé dans un proche périmètre avait rendu mon approche impossible. Quelques mois après, nous déjeunons à notre tour à Plaisance où, au café, les propriétaires s'épanchent sur les difficultés à gérer une telle maison.

Sur la route du retour, nous nous répétons – incrédules – ce que nous venons d'entendre. Nous qui sortons à peine de trois ans de galère dans notre petit château du Périgord, relevé à bout de bras mais sans moyens, imaginons le potentiel d'une maison comme Plaisance qui n'en manque pas… La perspective nous fait rêver, au point de rappeler Chantal Perse pour lui proposer nos services. « Philippe, nous n'osions pas vous le demander », réagit-elle. Une fois de plus, je fixe un postulat de départ, garant de notre autonomie : « Chacun son job. Vous, c'est le vin. Nous, l'hôtel et la cuisine. Si au bout d'un an ça ne fonctionne pas, on s'en va. » Une clause est ajoutée au contrat par les propriétaires : obtenir deux étoiles dans les cinq ans. Une barre haut placée, mais que je voulais assumer.

Pour passer un cap, il faut un bon navire. Celui de l'Hostellerie de Plaisance est un vaisseau d'exception. Cette demeure de pierre blonde, idéalement située dans le centre historique de Saint-Émilion, à deux pas d'une église monolithique creusée à flanc de colline, possède d'ailleurs une terrasse qui s'avance telle une proue de bateau au-dessus du village et du paysage du Libournais. Tout confort, mais un peu coincée dans son ambiance bourgeoise, la maison rayonnera d'une allure plus contemporaine après de gros travaux engagés en 2007, grâce à l'élégance colorée de la décoration d'Alberto Pinto, l'un des plus grands architectes d'intérieur français, qui harmonisait parfaitement vieilles pierres et modernité.

Cet outil, de nouveaux moyens et plus de personnel (une cinquantaine d'employés en haute saison pour l'hôtel et le restaurant) me permettent aussi de développer ma réflexion et mon approche culinaire. Comme moi, ma cuisine a besoin de l'énergie du changement. Elle est bien sûr ancrée sur les bases solides du classicisme, mais elle évolue constamment, au gré d'une palette très large de produits, parfums et saveurs. J'aime cette maxime : « À toujours faire ce que l'on a déjà fait, on obtient toujours ce que l'on a déjà. » Et mes menus détestent l'immobilisme. Je reprends, revisite, transforme sans arrêt toutes mes recettes.

De la même façon que je n'ai jamais voulu trop m'enraciner dans une maison, je ne rends pas mes plats esclaves du seul terroir. Bien sûr, je le respecte et m'inspire des meilleurs produits de la région, en étroite complicité avec ceux qui les élèvent, les pêchent ou les cultivent. Mais je m'autorise aussi beaucoup de voyages et d'évasions propres à aiguiser les plaisirs gustatifs.

À Plaisance, touches d'épices et d'herbes exotiques viennent souvent balader matières premières du Sud-Ouest et de la côte atlantique, dans des assiettes que je veux à la fois gourmandes et d'une grande précision de cuisson comme de présentation. Une virile épaule de cochon confite peut ainsi s'égailler de chou, pêche, avocat et citron vert, un bar de ligne flirter avec ail, gingembre, pomme verte, mangue et voile de coco, un rognon de veau et son risotto poêlé être interpellés par du sésame et de la menthe fraîche, ou une gamba sauvage être boostée par un jus à l'ail torréfié et au curcuma. Parmi mes plats signature, l'œuf poché à basse température a connu maintes déclinaisons, dont un accompagnement de jabugo, œufs de poisson volant au wasabi, topinambours, crumble et mousse de lait au parmesan.

Certains s'étonnent parfois du contraste entre mon physique de boxeur et ma cuisine souvent décrite comme féminine, délicate, méticuleuse. Aucun problème pour assumer ce paradoxe, d'autant que ce travail a été récompensé dès notre quatrième année à Plaisance, par les deux étoiles Michelin annoncées. Soit un an avant la date contractuellement prévue.

– 18 –

Jouer en équipe

Diriger, ce n'est pas s'isoler

Cette récompense a bien sûr été le fruit d'un travail d'équipe. Car si je m'épanouis en cuisinier à Saint-Émilion, c'est aussi parce que, grâce à ces nouveaux moyens et aux leçons tirées de mes précédentes expériences, je peux mieux que jamais mettre en place un fonctionnement de brigade obéissant à plusieurs fondamentaux.

Je crois qu'un cadre et une discipline de travail sont les conditions nécessaires à la bonne marche d'une entreprise, mais aussi à la formation et à l'épanouissement des collaborateurs. S'ajoutent à cela des règles de vie comme la politesse, la ponctualité, la propreté, le respect ou la solidarité, qui sont autant de valeurs clés quand on s'engage dans mes cuisines. Une arrivée à l'heure, en bonne tenue, un bonjour, une poignée de main en regardant l'autre dans les yeux me semblent la meilleure façon de commencer une journée.

Je ne juge pas quelqu'un à la longueur de son CV, mais à son envie. Tu ne sais pas faire ? « Non. » Tu as envie ? « Oui. » Je vais t'apprendre et ta détermination te permettra d'y arriver. En comprenant que, s'il ne faut rien lâcher, il faut aussi jouer en équipe. L'individualisme n'a pas sa place en cuisine. Savoir aider – par exemple, donner un coup de main quand on a fini le travail à son poste – fait partie des qualités qui me font remarquer un élément. Pour moi, c'est aussi important que de réussir une sauce.

Bien sûr, l'implication, la ténacité doivent s'accompagner, selon moi, d'un indispensable respect de la hiérarchie, entre celui qui est formé et celui qui transmet. Il faut prendre le temps de franchir les étapes, en sachant écouter. Le but n'est pas d'aller vite, mais d'aller loin. Beaucoup de jeunes ont du mal à accepter aujourd'hui cette discipline, mais cette rigueur, ce cadre sont les meilleurs garants d'une progression et d'un avenir structuré.

Pour autant, il ne faut pas confondre discipline et asservissement. Les métiers de la restauration, comme d'autres corporations, ont été victimes d'abus de pouvoir. Des violences psychologiques et physiques ont pu être exercées en cuisine à une époque où régnait la dictature absolue du chef. La génération de mon père a, par exemple, connu une méthode de formation beaucoup plus dure que dans ma jeunesse et heureusement qu'aujourd'hui, au restaurant comme dans d'autres sphères professionnelles, il n'est plus possible d'abuser de son statut pour brimer des collaborateurs. Mais vouloir écraser l'autre prouve surtout sa propre faiblesse, un besoin d'exister par l'artifice d'un statut.

Il ne m'est jamais arrivé d'agresser quelqu'un physiquement dans le boulot. Question défoulement, rugby et boxe suffisaient à mon bonheur ! Même si le jeu des émissions de télé me donne l'image de quelqu'un qui pousse des gueulantes, j'élève très rarement la voix dans mes cuisines. En dix années passées à Plaisance, je ne me souviens que d'une grosse colère. Mais j'avoue qu'elle était spectaculaire. Le garçon qui m'avait poussé à bout n'a pas demandé son reste, tout le monde croyait d'ailleurs que j'allais lui sauter dessus. On ne l'a pas revu pendant deux jours. Il est finalement repassé dans mon bureau : « Chef, vous m'avez fait une de ces peurs ! » Et il est resté travailler à Plaisance.

J'ai finalement plus souvent aboyé pour défendre mon équipe que pour la réprimander. Il est important qu'elle se sente soutenue, même vis-à-vis des clients. Bien sûr, nous assumons nos erreurs, mais pas les injustices. Je me souviens ainsi d'une bande de quatre types, menée par un petit gros en démonstration qui la ramenait haut et fort. Le quatuor entre dans la salle pleine de l'Hostellerie. À l'une des tables se trouvent mon ami boxeur Mahyar Monshipour et ses sparring-partners – en pleine préparation pour le championnat du monde.

Dès la prise de commande, les mecs s'avèrent imbuvables. Carole, la chef de rang qui s'occupe de leur table, est pourtant une fille adorable, très pro et qui a toujours la banane. Arrivent les premiers amuse-bouches, évidemment pas à leur goût. Une crème de potimarron au parmesan ? « J'aime pas ça. » « Pas de problème, monsieur, nous allons vous préparer autre chose avec des courgettes. » « J'aime pas les courgettes ! »

S'ensuit, comme premier plat, un cèpe rôti au foie gras, une assiette gourmande qui avait beaucoup de succès. « Qu'est-ce que c'est que ça ? rouspète le rondouillard, j'ai jamais mangé de foie gras comme ça… » Les échos de la salle commencent à me revenir en cuisine. J'explique au maître d'hôtel que j'irai voir plus tard le client déçu. J'envoie dans la foulée une côte de veau de lait, jolie pièce de 400 grammes, doucement cuite au sautoir, accueillie par la tablée d'un « On se fout de la gueule de qui, ici ? »

La petite Carole revient en larmes. « Chef, j'en peux plus ! » Trop, c'est trop. Je pars en salle et me plante devant les quatre types en tonnant : « Qu'est-ce qui ne va pas ici ? » Le perturbateur réplique en marmonnant, le nez dans son assiette : « C'est comme ça qu'on parle dans les Relais & Châteaux ? » Moi, chaud bouillant : « Je parle comme je veux, vous m'entendez ? Vous allez bouffer et fermer votre gueule, sinon vous vous cassez tout de suite. Vous m'avez bien compris ? VOUS M'AVEZ BIEN COMPRIS ?! »

Dans la salle pleine, on aurait entendu une miette tomber. Mahyar me raconta après, en rigolant : « Plus personne ne parlait ! Comment t'as plombé l'ambiance ! » Lorsque je m'excusai ensuite auprès des clients qui avaient assisté à la scène, la plupart m'ont assuré avoir compris ma réaction envers ces gougnafiers. En payant son addition, le type a même dit à Dominique : « Mais, c'est un vrai con votre chef ! », qui lui a répondu : « Pourquoi ne lui avez-vous pas dit en face, tout à l'heure ? » Surtout, mon équipe m'a remercié de l'avoir soutenue, et je me suis entendu dire par un chef de rang : « Merci, chef. Ça fait du bien. » C'est le plus important à mes yeux.

*
* *

Si je crois en la discipline, l'écoute de l'autre me semble une des qualités premières d'un bon manager et d'un bon chef. Il faut savoir s'adapter à la personne que l'on a en face de soi, pour obtenir d'elle le résultat escompté. En cuisine, comme ailleurs, il faut rassurer ses collaborateurs par ses compétences, leur donner la bonne impulsion en montrant l'exemple, mais aussi être dans le dialogue et savoir les responsabiliser.

J'en ai encore eu la preuve avec mon chef Frédéric Bernou, dit Fred, fidèle depuis notre première rencontre au Grand Barrail, à Saint-Émilion, en 1996. Il est arrivé comme commis, puis son intelligence et sa capacité d'adaptation lui ont permis de franchir tous les paliers – demi-chef de partie, chef de partie, etc. –, avant de devenir mon second. Il y a quelques années, j'ai senti pourtant que son énergie n'était plus la même, qu'il s'était installé dans une sorte de routine, même si elle s'inscrivait toujours dans l'excellence.

Mais avant de le secouer, ne fallait-il pas que je me remette en question ? À force de vouloir tout maîtriser, tout contrôler, tout gérer, je finissais par étouffer mon équipe. J'ai alors proposé à Fred qu'il prenne la cuisine en main en devenant chef. Très vite, il a réussi à s'exprimer dans ses nouvelles responsabilités, et cette dynamique a profité à toute la maison.

Bien sûr, je continuais de superviser l'ensemble, mais en déléguant, je pouvais aussi prendre un recul bénéfique pour la qualité générale de l'Hostellerie et le reste de mes activités. Aujourd'hui, c'est d'ailleurs Fred qui est le directeur du Grand Théâtre, ma brasserie bordelaise, dans laquelle il a aussi pris des parts et où il s'implique, depuis les premiers travaux, avec un enthousiasme impressionnant.

Les conseils du chef

Être décisionnaire, ce n'est pas forcément être seul

Le fait d'être chef ne doit en aucun cas vous isoler de vos équipes, au contraire, vous avez un rôle de pierre angulaire dans le bon fonctionnement du groupe, un peu comme un capitaine d'équipe : il faut savoir décider, certes, mais aussi motiver, faire face dans la tempête et montrer l'exemple.

– Ne sciez pas la branche de l'arbre sur laquelle vous êtes assis : ne vous coupez pas de vos équipes.

– Il faut savoir trouver la bonne proximité avec vos collaborateurs : être proche oui, mais pas familier.

– Impliquez vos collaborateurs et responsabilisez-les !

– Faites confiance à vos collaborateurs, échangez avec eux. Nourrissez-vous de leurs compétences respectives, vos décisions n'en seront que meilleures pour la réussite de vos objectifs.

– Pour résoudre un problème, communiquez. Ne laissez jamais s'envenimer les choses, crevez l'abcès. Même si c'est désagréable, vous éviterez la gangrène.

– 19 –

IMPOSSIBLE N'EST PAS BORDELAIS !

De chef à propriétaire

Cette réorganisation correspond aussi à mes débuts à la télévision, quand, en avril 2011, je commence pour M6 « Cauchemar en cuisine ». L'émission ne m'empêche d'ailleurs pas d'être présent à Plaisance, puisqu'elle ne m'éloigne de l'Hostellerie que quatre jours tous les deux mois, au maximum. Les clients choisissent en général un restaurant pour le chef, obligeant, à mon avis, ce dernier à un devoir d'assiduité.

Avec la médiatisation, ils sont évidemment de plus en plus nombreux à « vouloir voir la bête ». Le restaurant était plein tout au long de l'année.

Mon temps passé à tourner en salle double d'ailleurs dès les premiers épisodes de « Cauchemar ». Les habituelles trente minutes se transforment en une heure, à dire bonjour et discuter à chaque table. Parallèlement, notre chiffre d'affaires progresse de quinze pour cent.

Je commence aussi, à ce moment-là, une nouvelle réflexion sur mon avenir. Après avoir travaillé pour les autres depuis mes débuts, ne serait-il pas temps de posséder ma propre maison ? Ne serait-ce que pour m'assurer d'un chez-moi en cas de moins bien ? Après tout, la durée de vie d'un cuisinier a aussi ses limites, comme celle des sportifs ou des artistes. Difficile d'être au top toute sa carrière. Je ne suis pas du genre à vivre sur mes acquis ni à lâcher l'affaire, mais impossible de dire quelle sera mon énergie à 60 balais. Je ne veux pas faire le combat de trop.

Investir dans un établissement me semble en tout cas une sage solution. Je n'ai aucune piste quand je commence à mûrir cette idée et à l'évoquer avec Chantal Perse, la propriétaire de l'Hostellerie. Dans ce cas de figure, encore hypothétique, pas question, bien sûr, de délaisser brutalement Plaisance, mais plutôt de transmettre le relais en douceur, pour ensuite intervenir en

« consulting » – en superviseur extérieur, donnant les directives de travail sans directement mettre la main à la pâte.

L'idée ne plaira guère et amplifiera, au contraire, les agacements nés de mon exposition médiatique. Certes mon nom était maintenant plus mis en avant que celui de l'Hostellerie, mais l'impact était indéniablement bénéfique sur la fréquentation et le chiffre d'affaires. L'histoire s'est finalement terminée en décembre 2013. En effet, rien n'était plus précieux que ma liberté et, plutôt que d'accepter la proposition de dédommagement contre un *stand-by* de deux ans durant lesquels je ne pourrais pas m'installer à Bordeaux, j'ai préféré donner ma démission. De cette période je ne garde aucune amertume, mais comme une belle histoire d'amour qui se termine, que le souvenir de merveilleux moments.

*

* *

Après presque deux années sans m'exprimer au cœur de mes propres cuisines, je me devais de faire un retour en beauté. Surtout en ouvrant un lieu qui fait de moi, à 49 ans, pour la première fois, un chef-propriétaire ! Il me faut aussi assumer mon statut de personnage télévisuel et le fait qu'une émission comme « Cauchemar en cuisine », avec mon rôle de redresseur en chef, voire de donneur de leçons, décuple forcément l'attente. C'est de bonne guerre et cela ajoute piquant et pression à ce come-back. Ce qui n'est pas pour me déplaire. Alors autant faire les choses en grand !

J'ai choisi de m'installer à Bordeaux parce que si je dis souvent que j'ai peu de racines, cette ville est finalement l'endroit où j'ai pris souche, au fil d'une longue histoire et d'une vraie relation affective. Bordeaux aussi parce que celle qui fut longtemps une belle endormie a mué, au rythme de spectaculaires travaux de rénovation, en ce qui aujourd'hui est peut-être la cité la plus excitante et dynamique de France.

J'ai vécu cette transformation de près et je peux la mettre en parallèle avec ma propre histoire. Je me souviens de l'emménagement avec mes parents, cours de l'Yser, dans ce qui était encore un quartier chaud. Une poignée de bars pittoresques voisinaient avec le Chipiron. Le Troubadour accueillait des Gitans, on ne parlait qu'espagnol au Café des Sports. On en trouvait aussi des plus louches : le Bar des Chasseurs était réputé pour être celui des voyous et des proxénètes, la Casa Pepine, celui des dealers.

À 12-13 ans, je ne circulais pas sans une certaine appréhension. Le soir, les bagarres de rue étaient quotidiennes et la police intervenait régulièrement. Je me souviens même avoir entendu des coups de fusil. Bien sûr, je m'étais habitué à ces ambiances et les exigences parentales en termes de devoirs scolaires et de présence au restaurant m'empêchaient de toute façon de traîner dans la rue.

Si, plus tard, en tant qu'élève de l'école hôtelière de Talence, puis tout jeune cuisinier fréquentant à la fois des milieux populaires, étudiants et sportifs, j'ai découvert des facettes plus festives de la vie bordelaise, cette ville avait quand même du mal à se bouger. Il a fallu patienter jusqu'à la seconde moitié des années quatre-vingt-dix pour commencer à la voir vraiment changer d'ère. Sous l'impulsion de son maire, Alain Juppé, Bordeaux s'est embellie, démocratisée, diversifiée. Qu'il s'agisse de la rénovation des quais et des ponts de la Garonne, de l'implantation des lignes de tramway, de la réhabilitation de quartiers comme ceux de la Bastide ou de Ginko, à Bordeaux-Lac, d'embellissements qui ont permis à la ville d'être inscrite, depuis 2007, sur la liste du Patrimoine mondial de l'Unesco… Grâce à cet activisme, Bordeaux est devenue l'un des pôles majeurs de la vie culturelle et économique française.

Est-ce un hasard ? Cet épanouissement a aussi été le mien et il était logique que nous nous retrouvions. Et tant qu'à faire, dans un lieu symbole de la ville. La brasserie du Grand Théâtre, place de la Comédie, me semblait l'endroit idéal pour célébrer ces retrouvailles. Ce vaste restaurant à colonnades, logé à l'intérieur de l'architecture néo-classique d'un des monuments les plus prestigieux des bords de la Garonne, résidence de l'Opéra national de Bordeaux, possède tous les atouts pour devenir l'endroit dont j'ai toujours rêvé.

Avec les architectes, nous avons choisi de rebaptiser cet ancien Café de l'Opéra « Le Quatrième Mur », en clin d'œil à son environnement théâtral. C'est en effet ainsi que le philosophe et critique Denis Diderot avait défini, au XVIIIe siècle, le mur virtuel qui devait séparer les acteurs des spectateurs. « Imaginez sur le bord du théâtre un grand mur qui vous sépare du parterre ; jouez comme si la toile ne se levait pas », écrivait-il. Pour ce défi, je me suis entouré de deux jeunes, Charles, mon beau-fils designer, et Florent, son pote architecte et associé, qui avaient pour eux la fougue et l'inventivité de leur jeunesse. Une fois de plus, j'ai fait le pari de faire confiance à de jeunes talents et c'est peu de dire qu'ils ont répondu à mes attentes au-delà de mes espérances. Il est vrai que je leur avais mis beaucoup de pression. Bravo, les gars !

En pleins travaux au moment où j'écris ces lignes, Le Quatrième Mur sera, je l'espère, en phase avec l'engouement et l'énergie de cette ville.

Avec mon équipe, orchestrée par Frédéric Bernou, complice de toujours qui dirigera le restaurant, nous ne destinons pas l'endroit à la haute gastronomie. Avec quatre-vingt-dix places à l'intérieur et soixante sur la terrasse dessinée par le péristyle du théâtre, ce cadre spacieux à l'élégance chaleureuse, appelé à être un lieu de vie du matin jusqu'à la nuit, n'est pas adapté à l'intimisme luxueux de la grande cuisine.

L'intérieur doit se diviser en trois espaces. Celui d'un bar prolongé par de hautes tables, appelées « mange-debout », où les clients pourront boire un verre et grignoter en toute décontraction ; puis une salle plus proche de la chaleureuse ambiance d'une brasserie classique, avec de petites tables nappées ; enfin un coin plus cosy et contemporain où l'on s'attablera assis sur de longues banquettes.

Plus accessibles financièrement que celles d'un gastro chic, les propositions ne seront pas moins vouées à la gourmandise. Notre savoir-faire, ma prédilection pour les goûts marqués, les associations de saveurs que je serais incapable de citer tant il y en a, qui m'ont inspiré et que j'ai peaufinées depuis des années dans les cuisines de mes restaurants étoilés seront au cœur de celles du Quatrième Mur. Mais au service de plats plus simples, conviviaux, aux compositions moins alambiquées. Le bonheur de se régaler entre amis, de partager, par exemple, une cocotte de blanquette, de navarin ou de fricassée, primera sur le cérémonial méticuleux du gastro. D'autant que l'efficacité décontractée du service, remis en scène par l'art de la découpe en salle, devrait favoriser le bien-être et le plaisir de l'échange.

Si le but de cette brasserie n'est pas de concourir sur la piste aux multiples étoiles, le défi que j'y vois n'en est pas moins grand. Car retranscrire notre obsession de la qualité à une grande échelle demande beaucoup d'application. Je sais aussi qu'au regard de l'attente des observateurs et futurs clients, il n'y aura pas de round d'observation. Éternel carburant de ma motivation, la pression est ici proportionnelle au prestige de ce lieu central de la vie culturelle bordelaise.

Pour réussir, j'ai misé plus que jamais sur l'investissement de toute une équipe, soit une grosse trentaine d'employés, d'autant plus mobilisés et responsabilisés que mes activités extérieures ne me permettront pas une assiduité quotidienne sur place. Ce restaurant a aussi été conçu pour pouvoir exceller sans que je sois en permanence à vérifier chaque assiette.

Cela n'empêchera pas ma totale implication et ma présence régulière. Je compte d'ailleurs régulièrement organiser des dîners d'exception pour une table d'hôtes de douze couverts installée en cuisine, où les convives pourront déguster un menu surprise aux ambitions plus gastronomiques – pas question de totalement renoncer à ce type de cuisine ! J'aurai sûrement l'occasion d'y revenir plus pleinement à un autre moment de ma vie.

J'entends parfois des confrères qui ont choisi d'abandonner la course aux macarons parler « d'enfin se faire plaisir », comme si la pression des étoiles avait finalement étouffé leur existence. Si la perspective d'ouvrir Le Quatrième Mur et d'y insuffler une ambiance de brasserie gourmande et relax s'annonce comme une grande joie, j'ai toujours mis la notion de plaisir au centre de tous mes projets. C'est même pour moi une règle qui devrait, je pense, guider chacun dans ce qu'il veut entreprendre.

Certains pourront m'objecter que c'est plus facile à dire qu'à faire, surtout quand on s'échine dans une routine éprouvante. Mais je reste tout de même persuadé qu'on peut retrouver du plaisir dans la recherche du bien-faire, du beau geste, première étape vers une reconquête de la confiance en soi, de la fierté.

Quelle que soit la tâche à laquelle on s'attelle, le désir de se donner à fond peut transformer en satisfaction la notion de labeur. Plus que la passion – et je rappelle encore une fois que la cuisine n'est pas pour moi une « passion » en soi –, c'est cette détermination qui peut être source de plaisir, comme je m'évertue à le rappeler aux personnes que je viens aider dans « Cauchemar en cuisine ».

*

* *

Comme pour pimenter encore le lancement de la brasserie – et Dieu sait que les écueils ne manquent pas, mon impatiente exigence s'occupant régulièrement de booster le chantier –, j'ai appris, il y a quelques mois, que Gordon Ramsay s'installait juste en face, sur la même place de la Comédie, pour reprendre, comme consultant, Le Pressoir d'argent, le restaurant gastronomique du Grand Hôtel. Énorme ! Le chef trois étoiles écossais, né comme moi en 1966, fort en gueule et grand sportif, créateur de l'émission originale de « Cauchemar en cuisine » (« Kitchen Nightmares » en version originale), qui se retrouve face à face avec le chef de la version française ? Même un scénariste n'aurait pas osé ! Comme quoi la réalité peut parfois dépasser la fiction !

Les gens imaginent déjà le combat des chefs les plus rentre-dedans du petit écran. Tout cela m'amuse beaucoup, mais ce clash n'a pas de réalité au-delà du buzz. Impossible de comparer un restaurant à ambition gastronomique comme Le Pressoir d'argent et une brasserie gourmande comme Le Quatrième Mur. Et si j'ai beaucoup pratiqué les sports de combat, je ne me sens jamais en compétition avec qui que ce soit. Je m'intéresse d'abord à ce que je fais, au but que je me suis fixé, pour moi et contre personne. Et si certains veulent fantasmer sur ce match virtuel, libre à eux. Après tout, je joue à domicile. Allez, « *Good game*, Gordon ! »

Sixième partie

CHEF CATHODIQUE, UN NOUVEAU DÉFI

À l'été 2010, la télévision a surgi dans ma vie par surprise. Je ne m'y étais pas préparé, je n'en avais pas rêvé. J'avais, comme beaucoup, un a priori négatif sur les émissions de téléréalité, mais malgré mes réticences initiales, j'ai décidé de tenter cette aventure, sans calcul, à l'instinct, en misant sur l'authenticité de ce qui serait vécu, la sincérité de mes réactions, le plaisir que je pourrais prendre, l'aide et les messages que je pourrais prodiguer.

Le succès est allé au-delà de nos espérances et je peux mesurer l'impact – parfois débordant – de « Cauchemar en cuisine » ou de « Top Chef » dans ma vie de tous les jours. Je suis conscient que ces émissions jouent de mon physique de type pas commode et de mes coups de gueule, mais elles reposent aussi sur mon empathie, mon goût de la pédagogie et de la transmission. Car si le but de ces programmes est de divertir, c'est, je pense, leur vérité humaine qui accroche vraiment le spectateur.

On parle souvent de la télévision comme du monde de l'artifice et des mirages. J'ai essayé d'ancrer ce que je faisais au petit écran dans la réalité d'un métier et des valeurs qui me sont chères au quotidien. Les rencontres provoquées par ces émissions m'ont enrichi humainement. Elles m'ont aussi révélé que mes convictions et mon énergie pouvaient être utiles à d'autres.

En cela, cette aventure télévisuelle sert de catalyseur à toutes mes expériences passées. Qu'il s'agisse des réussites ou des épreuves traversées dans ma vie professionnelle, sportive ou familiale, ce vécu nourrit les conseils que je peux donner et la certitude que chacun doit s'investir dans son destin.

– 20 –

Cauchemar en télé ?

Mes premières apparitions télé datent d'une époque où la cuisine était considérée comme un sujet mineur par les chaînes et où les rares émissions culinaires n'avaient pas les honneurs du « prime ». Comme beaucoup de chefs, j'avais ainsi été quelquefois invité à montrer une recette en « matinale » ou dans l'après-midi.

Mon premier plateau remonte même au tout début 1990, quand j'avais dû remplacer à la dernière minute mon chef du Clos Longchamp, Jean-Marie Meulien, dans une émission de Caroline Tresca, sur FR3. J'avais fait le job, sans trop d'appréhension, content de croiser sur le plateau le légendaire guitariste gitan Manitas de Plata.

C'est Maïté, pittoresque figure de « La Cuisine des mousquetaires », qui, la première, m'a reçu en tant que chef, en 1996, alors que j'exerçais à Saint-Émilion, au restaurant du Grand Barrail. J'avais préparé des crêpes aux pommes en aumônières pour un public de gamins, et j'avais sympathisé avec l'imposante Landaise, au point de chanter avec elle en coulisses.

Dans la même logique de cuisinier invité pour une petite démonstration, je me suis aussi retrouvé plusieurs fois aux côtés de Joël Robuchon, dans « Bon appétit bien sûr » – pour des cannellonis d'agneau en gratin et d'autres recettes –, ou accueillant, au château des Reynats et à Plaisance, une des « Cartes postales gourmandes » de Jean-Luc Petitrenaud. Chaque fois, les équipes de tournage m'avaient trouvé très à l'aise. Après tout, je ne faisais que mon métier, même si je me découvrais un rapport assez naturel et sans stress à la caméra.

Au milieu des années 2000, les émissions de cuisine ont commencé à prendre en France l'importance qu'elles avaient déjà, depuis quelques années, à l'étranger, en particulier dans les pays anglo-saxons, par le biais de la téléréalité. Pourquoi ce retard entre la patrie de la gastronomie et d'autres nations, réputées moins gourmandes ? Peut-être qu'un rapport moins sacré à la haute cuisine ou qu'une prise de conscience plus tardive du « bien manger » leur ont permis d'imaginer plus librement de nouvelles idées. Toujours est-il que c'est en adaptant des émissions étrangères que les chaînes françaises ont à leur tour provoqué l'explosion de phénomènes culinaires à la télévision.

Cyril Lignac est le premier cuisinier français, en 2005, à avoir animé une de ces adaptations, avec « Oui, chef ! », version hexagonale de « Jamie's Kitchen », animée par l'Anglais Jamie Oliver. Si Cyril s'en tirait avec talent, je ne peux pas dire que je me sois beaucoup intéressé à ces nouveaux programmes qui mettaient la cuisine en scène à la télévision. Du coup, quand la maison de production Studio 89 m'a approché une première fois, en 2010, pour que je participe à un de ses projets, j'y suis allé à reculons.

On peut même dire que le premier contact a été frisquet. En gros, ça donnait : « Nous cherchons un chef pour une émission de télé. » Je demande de quoi il s'agit. « Impossible de vous le dire à ce stade. » « Si vous ne m'en dites pas plus, c'est non. » Ils me relancent : « Nous cherchons un chef charismatique, comme vous. » « Arrêtez, vous ne me connaissez pas, je ne vous connais pas, et jusque-là votre démarche ne me plaît pas. » Ils lâchent quand même un peu d'infos : « Nous voulons adapter une émission anglaise qui s'appelle "Cauchemar en cuisine", vous l'avez déjà regardée ? »

Une fois, j'avais aperçu un *teaser* de l'émission de Gordon Ramsay. Je me souvenais d'un type qui hurlait et insultait des gens. Mon premier verdict est donc : « Ça ne me ressemble pas, ne comptez pas sur moi ! » La boîte me rappelle, une semaine plus tard : « Vous savez, nous voulons faire quelque chose de différent de Gordon Ramsay, une version à la française, plus humaine, plus pédagogique. »

J'avais entre-temps regardé un des épisodes du « Cauchemar en cuisine » anglais. Autant je pouvais adhérer au fond – aider des restaurateurs en difficulté, les conseiller pour qu'ils sortent du tunnel –, autant la forme ne me correspondait pas. Cela n'enlève d'ailleurs rien aux qualités de Ramsay, mais je ne me sentais pas en phase avec sa façon très vacharde, voire humiliante, de faire le show.

*

* *

Alors que les gens de Studio 89 essaient de me convaincre d'une alternative qui me conviendrait,

Dominique me donne des coups de coude : « Tente le coup. » J'accepte donc de faire un premier casting à Paris. Puis un second, plus en situation, qui se conclut, au bout de trois semaines, par un coup de fil de la directrice générale de la production, Florence Duhayot, me faisant part de son enthousiasme à tourner l'émission avec moi.

J'accepte, mais en y mettant mes conditions : « Je ne joue pas un rôle, on raconte la vérité, vous ne trichez pas avec les images. » « C'est comme ça qu'on vous veut, ne changez rien ! », m'assure-t-elle. J'appréhende les dérives de la téléréalité, ses manipulations, son goût du sensationnalisme. Je préférerais ancrer l'émission dans l'authenticité, mettre mon énergie et mon savoir au service de gens qui ont perdu pied, pour qu'ils reprennent confiance, du plaisir à cuisiner et que leur affaire devienne économiquement viable. Après tout, ma mère ne disait-elle pas, quand j'étais jeune, que j'étais du genre à défendre la veuve et l'orphelin ? Et c'est vrai que, dès la cour d'école, je n'aimais pas qu'on s'attaque à plus faible que soi.

Sauf qu'au moment de tourner le premier épisode, en rade de Toulon, début 2011, je n'ai aucune idée de comment cela peut se passer. On peut même dire que je flippe carrément. L'équipe tourne à l'arrache, avec peu de moyens. L'unique cadreur accroche une petite caméra fixe en cuisine et essaie de filmer le reste de l'émission en nous courant après, une autre caméra à l'épaule.

Un jeune couple de restaurateurs, Pierre-Marie et Sissi, dont l'établissement est isolé tout au bout de la digue, essuie les plâtres de ce coup d'essai. Dès le premier soir, ils s'énervent, veulent tout arrêter. La famille est en pleurs. Et si, finalement, nous allons jusqu'au bout, ce premier épisode, comme les deux suivants, sont des grands moments de tâtonnements.

*

* *

Le plus difficile pour moi, lors de ces premiers « Cauchemars » ? Oser critiquer les gens, leur rentrer dedans. Autant Gordon Ramsay semble le faire naturellement, avec même une pointe de sadisme. Autant j'ai pu être, au début, trop conciliant, à force de ne pas vouloir tirer sur l'ambulance. J'avais du mal à trouver le bon positionnement, même si j'avais compris, d'entrée, qu'il fallait garder de la distance, ne pas faire copain-copain, pour aider les gens à progresser.

Tourné à Lyon, dans une brasserie de la place Bellecour tenue par Gino, le quatrième épisode de « Cauchemar », diffusé le 8 janvier 2012, m'a sans doute aidé à mieux comprendre ce qu'on attendait de moi. Dès le début, le mec pète les plombs, hurlant sur l'un de ses collaborateurs, puis engueulant tout le monde. Me tenant d'abord en retrait, je le prends ensuite entre quat'z-yeux : « Écoute Gino, j'ai traversé la France pour venir te voir, alors que mon fils est en vacances et que j'aurais préféré les passer avec lui plutôt qu'avec toi. Alors tu vas être gentil, remballer ta fierté, la mettre dans ta poche et écouter ce que j'ai à te dire. Sinon, moi je me tire. Nous sommes là pour t'aider. »

Le lendemain, l'équipe se casse les dents devant le rideau baissé et Gino, enfermé dans son bureau. Je frappe à la porte. « Alors, on dit pas bonjour ? » Il finit par me faire entrer. Nous discutons, hors caméra. Il me parle de ses problèmes professionnels, auxquels j'essaie de lui trouver des réponses, grâce à mon vécu. Puis, il partage avec moi des choses très personnelles, me confie son désarroi depuis que sa femme est partie… Je rentre aussi sur ce territoire de l'intimité et au bout de quarante-cinq minutes, il redescend avec moi, au grand étonnement de tout le monde, et termine le tournage.

À partir de cet épisode, je prends sans doute mieux conscience de ma place dans l'émission.

Pour provoquer un choc salutaire, je dois à la fois puiser dans mon expérience professionnelle et user de ressorts psychologiques que l'on n'enseigne pas à l'école hôtelière. Et puisqu'il s'agit de reconstruire en cinq jours une histoire en péril, la dureté destructrice du premier contact est la plupart du temps le meilleur moyen de rebâtir quelque chose de sain. La brièveté de l'intervention conditionne la puissance nécessaire de l'électrochoc. Après m'avoir attendu comme le Messie, les participants me détestent souvent les premières quarante-huit heures, pour mieux m'apprécier ensuite. Je ne suis pas là pour être gentil, mais pour aider.

Avec l'expérience, j'ai appris à jouer de mon personnage, de ma voix, de ma présence, de mes coups de gueule. Je ne sais pas si, à mes débuts, j'aurais osé une phrase comme celle qui a fait récemment le tour du Net, quand j'ai secoué un cuisinier nantais qui ne nettoyait ses crêpières qu'une fois par semaine : « Quand tu vas aux chiottes, tu te torches le cul à chaque fois ou tu attends la fin de semaine pour le faire ? »

Je sais maintenant que je peux exploiter plusieurs terrains, que ce soit celui du rentre-dedans, de l'humour ou de la profondeur émotionnelle. Pour varier les ressorts dramatiques, empêcher que l'émission soit linéaire et surtout m'adapter à chaque cas, forcément différent.

Les conseils du chef

Astuce : ne vous laissez pas déborder, rien de bon n'en découlera. Vous paniquez ? Trop de choses vous tombent dessus en même temps ? Voici quelques conseils élémentaires pour ne pas se sentir dépassé ou perdu !

– Respirez (ou sortez faire un tour, même quelques instants).

– Hiérarchisez ! Une chose à la fois ! Cela vous permettra de prendre du recul.

– Fixez-vous des échéances, des délais et des objectifs (de préférence que vous pouvez tenir !).

Ça ne marche pas ? Allez frapper bien fort dans un sac, ça défoule !

– 21 –

« Cauchemar » à l'écran, Espoir en coulisses

Je n'ai pas d'idée préconçue sur la façon de débloquer une situation. La production enquête en amont sur les gens qui nous sollicitent, pour voir si leur affaire peut se relever, mais l'équipe a beau me faire un petit debriefing sur le restaurant en question avant mon arrivée sur le tournage, j'oublie généralement ce qui m'a été dit, pour agir à l'instinct.

La plupart du temps, un petit vertige me saisit quand je découvre l'endroit et les gens qui ont fait appel à nous. Je me demande dans quel piège je me suis fourré, ce que je vais bien pouvoir faire ou dire, avant d'entrer en mode commando et de me concentrer sur ma mission : diagnostiquer ce qui cloche, le dire clairement aux gérants de l'établissement et les conduire vers la sortie du tunnel.

Si une émission comme « Top Chef » est une machine bien huilée, « Cauchemar en cuisine » est chaque fois une aventure assez sauvage et rock'n'roll. L'équipe de tournage s'est heureusement étoffée depuis nos débuts. Elle comprend aujourd'hui une quinzaine de personnes (au lieu de cinq ou six lors des premiers épisodes). Il y a des techniciens, une équipe éditoriale avec un producteur et des journalistes chargés des interviews, une régie pour gérer nos transports, des décorateurs.

Trois cadreurs – au lieu d'un seul cameraman les premiers temps – saisissent avec discrétion la vérité de ces cinq jours d'immersion. Aucun scénario n'est écrit à l'avance, mais nous nous réunissons chaque soir pour debriefer de la journée et voir, avec la réalisatrice, comment orienter celle du lendemain, faire progresser la situation.

« Cauchemar » ne chamboule pas uniquement le mental et le destin des participants. L'émission m'a aussi révélé à moi-même des ressources insoupçonnées. Même si le métier de chef est celui d'un capitaine d'équipe, avec ce que cela implique de capacité de persuasion et de motivation, je me suis découvert à la télévision une faculté encore plus grande à faire face aux situations difficiles, à convaincre les gens de se surpasser. Mes conseils culinaires ont bien sûr leur importance, mais l'essentiel consiste à transmettre l'envie de s'en sortir, à provoquer chez eux une prise de conscience.

*

* *

Je ne suis pas un magicien. Je montre une voie, puis c'est à eux de jouer. Ça ne marche pas à tous les coups : on estime à environ soixante-dix pour cent le taux des restaurants qui, après notre passage, réussissent à remonter la pente. Je crois avoir de l'empathie pour les gens, élément indispensable à ma fonction, mais il arrive qu'il y ait des blocages. Je me souviens, par exemple, d'un épisode de « Cauchemar à l'hôtel », variante hôtelière de l'émission, où je venais au secours d'un établissement d'Aix-les-Bains.

Les employés de ce vaste hôtel, charmant mais désuet, avaient toute ma sympathie, mais leur patron, « Monsieur Pierrat », un vieil homme d'une insupportable raideur psychologique, m'a fait disjoncter. Au point que la réalisatrice a dû arrêter la séquence, m'a demandé de me calmer, puis a pris le bonhomme à part pour essayer de le raisonner. Nous sommes allés jusqu'au bout, mais impossible d'être une seule fois en phase avec ce patron. Je ne pensais qu'à une chose : me barrer. Et si je suis resté, c'est uniquement pour toute son équipe qui m'avait beaucoup touché et que j'avais vraiment envie d'aider.

Autre échec, devenu un moment culte de « Cauchemar », mon séjour sur la Côte d'Azur dans un établissement de la baie de Juan-les-Pins tenu par deux frères siciliens, Mario et Louis, de 70 et 80 ans. Les trois enfants du premier travaillaient dans le restaurant et voulaient le transformer en *steak house*, endroit moderne destiné aux jeunes, tandis que leur oncle Louis, quarante ans de métier, refusait toute proposition. Avec ses lunettes noires et son marcel, ce vieux renard était tellement buté que j'ai décidé, le quatrième jour, d'arrêter l'émission.

Tout le monde était un peu en panique, surtout à Paris. « On ne peut pas arrêter ! Philippe ne peut vraiment rien faire ? » J'ai répondu par la négative, mais j'ai tempéré en leur expliquant que l'histoire pouvait quand même se raconter. Si ce dixième épisode s'est conclu par un échec – une première dans l'histoire internationale du programme –, il a aussi eu des conséquences positives pour l'émission en lui donnant du crédit et de la légitimité. Il montrait que tout n'était pas joué d'avance, avec happy end à la clé. Les postulants à « Cauchemar » sont d'ailleurs aujourd'hui conscients que quand je dis : « Je vais me casser », cela peut vraiment arriver. La pression est pour eux d'autant plus forte.

Heureusement, si les moments proches de la rupture sont nombreux, ils intègrent un processus de reconstruction et nourrissent, presque chaque fois, d'intenses aventures humaines dont je ressors remué et enrichi. Comment ne pas être sensible, par exemple, à ce grand costaud de Kevin, un jeune cuisinier rugbyman qui travaille avec sa mère, Carole, à Moissac, au restaurant L'Ovalie ?

Les cuisines et les frigos faisaient peur, le gamin était paumé. Lui aussi était parti en vrille (je me souviens d'un énorme coup de poing sur son bar qui avait fait sursauter tout le monde). Mais cet orphelin de père avait été touché de me voir me bouger pour lui et avait trouvé en moi une figure paternelle dont il avait besoin.

Tout en analysant les défauts de l'établissement, je devais l'écouter pour tenter de trouver des réponses à ses problèmes. Ses confidences allaient tellement loin, son histoire, la perte de son père et la dépression de sa mère, étaient tellement lourdes et traumatiques, que j'ai dû, à ce moment-là, demander aux caméras d'arrêter de filmer.

Nous étions en 2012, et pour l'une des premières fois j'avais l'impression de rentrer en mode « psy ». Finalement, en responsabilisant Kevin, en simplifiant sa carte – avec, entre autres, un grand choix de tartines gourmandes –, L'Ovalie avait pu être relancée. Trône d'ailleurs sur un mur du restaurant le maillot du Biarritz Olympique que je lui avais offert, après avoir demandé à Serge Blanco de le faire dédicacer par toute l'équipe.

Ces moments de coaching et de remotivation musclés construisent des rapports qui vont souvent au-delà de ce qui est montré à l'écran. Ce fut le cas en particulier à Amiens, en 2013, avec Jacques, un cuisinier de 51 ans, ancien légionnaire, trapu, impulsif et sensible, qui était à couteaux tirés avec son patron. Le troisième jour de tournage, alors que je tente de canaliser les graves tensions qui minent la maison, Jacques me confie les difficultés qu'il rencontre avec son fils et me demande si je peux lui parler.

Il me le présente et nous partons discuter tous les deux dans un coin. Le gamin me raconte un peu sa vie, ses embrouilles. Il comprend que son père doit être déçu, mais les deux ont toujours eu du mal à se parler.

Je lui suggère : « Ton père a l'air de quelqu'un d'assez dur et tu risques d'en prendre une. Pour ne pas en arriver là, va le voir avant qu'il vienne à toi, et dis-lui que tu regrettes. » Je pars ensuite parler à Jacques. « Ton fils n'a pas l'air d'un mauvais garçon. Écoute, je n'ai pas de conseil à te donner et je ne sais pas comment j'aurais réagi si ça avait été le mien, mais tu pourrais quand même aller le voir, pour lui dire que tu es très déçu. Ce serait bien plus puissant qu'une claque dans la gueule. »

Un peu plus tard, Jacques revient me voir, les larmes aux yeux, tout retourné : « Je parlais avec mon fils, il s'est jeté dans mes bras. J'avais jamais eu ce rapport-là avec lui. Merci Philippe. » À la fin de l'émission, devant les caméras, ce sacré bonhomme m'a fait l'incroyable cadeau de son béret de légionnaire. Même si l'émission a été intense, le public n'a peut-être pas totalement compris pourquoi un truc aussi fort se passait entre nous.

*

* *

Notre implication dans l'intimité des gens peut nous amener à prendre des risques. Comme lors de notre intervention à Port-Grimaud, à la rencontre de trois frères, Rudy, Jim et William, réunis par leur mère dans une improbable pizzeria-karaoké, dans la baie de Saint-Tropez. Le lieu ressemblait à une vieille boîte de nuit désertée par les clients. Les tensions étaient multiples entre les frangins.

J'avais d'abord jugé sévèrement Rudy, avant de comprendre qu'il prenait tout sur lui en sacrifiant vie de famille, salaire, appartement pour protéger ses frères. La réalisatrice a eu l'idée de filmer un entretien-confidence avec lui, en diffusant ce moment en direct, sans qu'il le sache, sur un écran de télévision que regardaient Jim et William. Ce que leur frère aîné racontait était tellement touchant que la famille s'est ressoudée et le resto a pu évoluer. Mais imaginons ce qui se serait passé si, écouté par les deux autres, Rudy avait dit : « Mes frangins sont des gros cons. J'en ai plein les couilles ! » Je ne sais franchement pas comment j'aurais rattrapé ça…

Les conseils du chef

Mes règles d'or pour monter une affaire

– L'identité de l'établissement : tout en vous ressemblant, elle doit être représentative d'un lieu, d'une région, d'une clientèle.

– Pensez votre carte !

* Prenez le temps, ne vous précipitez pas !
* Ne multipliez pas les plats : mieux vaut moins mais frais, bien travaillé et bon.
* Favorisez les producteurs locaux, nouez des liens privilégiés avec eux, allez au marché.
* Pensez vos stocks, inutile de vous ruiner pour des quantités ou des produits que vous ne « passerez » pas.
* Vous reprenez un lieu, inutile de tout changer ou de tout refaire, surtout si votre budget est réduit. En revanche, changez la carte : c'est votre ADN.
* À vous d'imposer votre patte et de marquer le terrain ! Il ne s'agit pas de dénaturer un lieu, mais d'y écrire votre histoire.

– Ne négligez pas les règles élémentaires : l'hygiène, une cuisine et une salle propres sont essentielles ! « Nettoie ton poste », on ne le répète jamais assez aux apprentis cuisiniers.

Et puis, entre nous, arriver dans un lieu propre, pour le patron et même pour l'équipe, c'est quand même plus agréable !

– Pas de place pour l'oisiveté, motivez-vous ! Il y a toujours quelque chose à faire, et n'ayez pas peur de vous salir les mains, le balai ne vous mordra pas, le torchon non plus.

Rien ne s'obtient facilement, ses galons, sa réussite, il faut les gagner !

– 22 –

Pas de bling-bling en cuisine

Du vrai et du bon

On accuse, parfois à raison, les émissions culinaires de fausser la réalité, d'enjoliver une activité beaucoup plus dure et moins glamour que ce qui est mis en scène sur le petit écran. Difficile de faire ce reproche à « Cauchemar en cuisine ». Si l'émission comprend une part de spectacle et de divertissement, elle rend compte, je pense, des réalités des coulisses de la restauration et des vraies difficultés de ce métier.

Les problèmes rencontrés sont souvent récurrents. Manque d'identité du lieu et de la cuisine, mauvais positionnement d'un collaborateur dans l'entreprise ou mauvais positionnement par rapport à un environnement et à la concurrence, manque de communication entre les responsables du restaurant, envie de plaire au plus grand nombre avec une carte pléthorique qui ne fait que compliquer la gestion économique, sanitaire et… gustative de l'établissement.

Si j'arrive aujourd'hui à diagnostiquer rapidement ce qui met en danger ces maisons, c'est aussi que ces bouts de vie me renvoient souvent à mes propres expériences et à des problèmes que j'ai moi-même connus. Ma crédibilité ne tient pas qu'à mes compétences techniques et à mon col bleu-blanc-rouge. Elle existe grâce à la diversité d'un vécu et aux situations complexes dont je me suis tiré.

Beaucoup plus qu'un show dans lequel je profiterais de ma « grande gueule », « Cauchemar » est d'abord une mise en application des leçons retenues et des méthodes appliquées en plus de trente ans de vie professionnelle. Depuis mes débuts, au côté de mon père, dans le petit restaurant du Chipiron, jusqu'à l'ouverture aujourd'hui du Quatrième Mur, ma grande brasserie bordelaise.

Avant de travailler au sein des grandes brigades des restaurants gastronomiques, j'ai bien sûr connu, avec mes parents, la réalité difficile de la vie de chef-propriétaire. Je connais la force de caractère et de travail qu'exige la gestion de ce type d'établissement où une famille s'occupe à la fois de la cuisine, du service, de l'intendance, de l'administration... Les tournages de « Cauchemar » me renvoient constamment à ces souvenirs, avec parfois de bouleversants effets-miroirs.

Le plus émouvant reste sans doute, à ce jour, mon passage à Peynier, village de Provence où Cathy et Patrick luttaient pour faire survivre leur restaurant. Leur fils Lilian, un adorable gamin de 12 ans, avait participé à la préparation des tiramisus servis au menu. Comment ne pas repenser aux desserts qu'à son âge je préparais aussi avec mon père, dans la petite cuisine du Chipiron ?

En dégustant son tiramisu, j'ai voulu partager cette histoire avec le garçon. Les larmes aux yeux, il m'a alors fait part de tout son désarroi : « J'aimerais tant que mes parents s'en sortent, mais ils n'y arrivent pas. Je ne sais pas pourquoi. Ça me rend triste de voir mes parents comme ça... » Sa confidence m'a pris à la gorge.

Certes, mes parents n'avaient pas connu de telles difficultés, le Chipiron marchait bien. Mais le souvenir de mon père seul en cuisine, de ma mère seule au service, de ma sœur et moi leur filant des coups de main dès notre plus jeune âge me permettait de m'identifier d'autant plus à ce garçon. Je me revoyais dans les yeux rougis de Lilian, et sa tristesse décuplait encore mon envie de tirer ses parents de la mouise.

Mes premières expériences de chef-salarié ont aussi été suffisamment riches en galères pour que j'en tire un utile lot d'enseignements. Que ce soit à l'époque du Grand Barrail, à Saint-Émilion, où j'ai ramé pendant trois ans pour monter une équipe, retrouver des fournisseurs, reconquérir une clientèle, en luttant au jour le jour, dans l'urgence, jusqu'à la reconnaissance des guides et de la région, ou pendant la rocambolesque reprise du château des Reynats, en 2001, capable de nourrir à elle seule plusieurs épisodes de « Cauchemar à l'hôtel », ces étapes ont été celles d'un long apprentissage.

Ces expériences m'ont conforté dans les valeurs que m'avait transmises mon père : le courage, la ténacité, le goût du travail bien fait, la conviction que rien ne s'obtient sans effort. Elles m'ont aussi permis d'appliquer des leçons de vie enseignées par la pratique de sports aussi exigeants que le rugby et la boxe. Que ce soit en termes de vie collective, d'exemplarité, de refus de reculer devant l'obstacle, d'envie de se faire mal pour se tirer d'affaire…

Les défis que j'ai aimé relever, avec détermination, sans rien vouloir lâcher, peuvent donner des clés à la plupart des gens que je viens aider. L'autoapitoiement – tellement français – ne se révèle jamais être une solution. Alors que la remise en question en est souvent une. Là encore, je l'ai vécu de mon côté quand, en 2009, la crise internationale a fait chuter la fréquentation des restaurants étoilés.

Nous venions, un an plus tôt, d'obtenir un deuxième macaron à l'Hostellerie de Plaisance, mais après l'euphorie, nous avons connu à notre tour une baisse de remplissage au déjeuner de cinquante pour cent sur les deux premiers mois de l'année. J'ai alors décidé de ne plus proposer un service qu'au dîner, en remplaçant aussi la carte par un menu dégustation unique, plus cher, mais très haut de gamme. J'avais décidé de me positionner et d'assumer ce choix malgré les risques encourus, à savoir se priver d'une certaine clientèle. Un certain guide culinaire nous a même reproché de priver le client de sa liberté de choisir. Ce n'était pas gagné, mais je me souviens encore des coups de téléphone de quelques chefs étoilés de Relais & Châteaux qui me demandaient comment ça se passait, et même un de me dire : « On rêve tous de faire ça, mais on n'a pas les couilles ! » Au final ce n'est pas tant les clients que j'ai dû convaincre mais mon équipe, très inquiète de ce changement. J'ai dû les rassurer et leur démontrer que ma stratégie améliorerait notre qualité de travail. Et ils ont vu que j'avais eu raison : en nous limitant à six services par semaine, notre chiffre d'affaires a peut-être un peu baissé la première année, mais les marges se sont améliorées, tout comme la qualité du travail effectué.

*

* *

La remise en question comme meilleur moyen de sortir d'une spirale négative reste au cœur de la plupart des cas traités dans « Cauchemar ». J'ai pu le vérifier, une fois encore, en mai 2015, à Neufchâteau, dans les Vosges, où Marc, un chef américain, avait repris sans y toucher une affaire, la Taverne des Pirates, proposant une carte fourre-tout de pizzas, crêpes et classiques français. Je n'avais jamais vu des cuisines aussi sales et un cuisinier aussi amorphe.

Après deux jours, j'ai compris que le garçon s'était résigné à ne rien changer, parce qu'il n'arrivait pas à communiquer ses envies de changements et de carte « à l'américaine » à ses collaborateurs.

Quelle étincelle pouvait chambouler tout ça ? J'avais appris que Marc était un crack du bowling, le genre à enchaîner onze strikes. Je lui ai donc demandé de m'apprendre à jouer.

En une demi-journée, il a mis tant de conviction à m'initier que j'ai fait des progrès impressionnants. Je lui ai alors expliqué qu'il devait faire comprendre aux autres, par l'exemple, ses désirs de changements en cuisine avec le même enthousiasme qu'il m'avait enseigné le bowling. Du jour au lendemain, il a changé de discours et affirmé son identité.

Les solutions ne tombent pas du ciel, mais naissent de l'action. Il faut trancher dans ses choix, aller au bout de sa démarche et retrouver la notion de plaisir dans ce qu'on entreprend. Prendre son pied est le meilleur moyen de transmettre une émotion aux autres. Cette satisfaction personnelle n'a pas forcément à être liée à une vocation ou à une passion. Je le répète, je n'ai pas celle de la cuisine, pas plus que celle de la télévision, mais comme tout ce que je décide d'entreprendre, je le fais à fond et je tire mon plaisir de cette implication, le meilleur garant de ma réussite.

– 23 –

Populaire, est-ce que j'ai une gueule de populaire ?

Indéniablement, la télé a changé ma vie. En termes d'opportunités, de sollicitations, je mesure chaque jour l'impact de cette « image publique » qui dépasse le cadre de ma profession de cuisinier. Je ne vais pas me plaindre de cette popularité, d'autant que j'ai l'impression que les réactions sont dans l'ensemble positives, en phase avec ce que j'essaie de transmettre.

Ma participation à la dernière saison de « Top Chef » a encore un peu plus accentué cette tendance. Au point que lors d'un des derniers tournages de « Cauchemar en cuisine », la production a dû, pour la première fois, installer des barrières autour du restaurant où nous intervenions, à cause du nombre de curieux.

Certes, la génération Smartphone peut être un peu envahissante, mais il y a pire épreuve que de faire des selfies. J'essaie de répondre aux demandes dans la bonne humeur, et même quand, à des moments moyennement opportuns, on me réclame sur le mode : « Je sais que ça va vous ennuyer, mais… » et que je grogne en répondant : « Ça me fait chier, mais on va la faire », les gens s'en amusent d'un : « Il est comme à la télé ».

J'accepte moins cette insistance quand elle interrompt des moments de ma vie de famille ou quand les réseaux sociaux et les innombrables paparazzi d'Internet fabriquent de l'information de toutes pièces.

Il y a quelques semaines, un site avait ainsi affiché la photo d'une carcasse de voiture broyée avec ma tête en médaillon pour annoncer que j'étais grièvement blessé, alors qu'il ne m'était, bien sûr, rien arrivé. Avertie par une voisine, ma mère était tombée dans les pommes, et mon fils Oscar, qu'elle gardait, avait eu des bouffées de panique. Ce genre de dérive est d'autant plus agaçant qu'on se sent terriblement impuissant pour l'empêcher ou le punir.

– 24 –

RÈGLE D'OR : LE PLAISIR AVANT TOUT

Si je prends plaisir à créer du divertissement, mon aventure télévisuelle vaut d'abord pour la richesse des rencontres humaines et la façon dont ce média devient la caisse de résonance d'une de mes obsessions : la transmission. Si cette dimension pédagogique est au cœur même de « Cauchemar en cuisine », elle est aussi très présente dans « Top Chef », dont j'ai intégré le jury de la sixième saison, diffusée en 2015.

Bien sûr, il s'agit là d'un concours, à la mécanique bien huilée inhérente à un jeu télévisuel. Nous sommes sans doute loin de la spontanéité et du réalisme de « Cauchemar », une émission qui plonge dans la vraie vie. Mais cela n'empêche pas

« Top Chef » de connaître son lot d'émotions, de grands moments de cuisine et d'apprentissage.

Cette plus-value pédagogique a même été un de mes objectifs dès que j'ai rejoint le jury en compagnie de mes camarades Hélène Darroze, Michel Sarran et Jean-François Piège, avec lesquels je me suis sincèrement régalé. Si notre rôle est de juger, j'ai fait aussi le choix de beaucoup expliquer, pour faire progresser.

Cette démarche est particulièrement évidente dans « Objectif Top Chef », l'émission qui me voit, en amont, parcourir la France en quête d'apprentis cuisiniers désirant concourir pour que l'un d'eux rejoigne la sélection des professionnels de la compétition « Top Chef ». J'ai croisé à cette occasion des candidats de tous les niveaux, en essayant chaque fois de leur donner les conseils les plus utiles pour la suite de leur carrière.

Certains critiques estiment qu'une compétition de cuisine à la télévision trompe les jeunes sur les réalités de ce métier. Un concours ne saurait évidemment pas résumer ce qu'est une vie de cuisinier. Mais je suis bien placé pour savoir qu'une vie de cuisinier peut aussi être rythmée et progresser avec les concours. Ces compétitions existent depuis des décennies. Certaines, comme le concours du Meilleur Ouvrier de France ou les Bocuse d'Or, jouissent d'un prestige international et ont révélé de grands talents. La différence étant qu'elles se déroulaient jusque-là loin de l'œil des caméras.

Je me sens d'autant plus légitime d'animer « Objectif Top Chef » que, comme ces gamins, j'ai moi-même participé aux différentes étapes de ce type de concours. Gagnant des compétitions amateurs, me qualifiant, encore élève de l'école hôtelière, pour la catégorie « pros » d'un concours, avant d'en remporter plusieurs, et bien sûr, l'ultime consécration du MOF…

*

* *

Comme avec « Cauchemar en cuisine », « Objectif Top Chef » m'a permis de faire de belles rencontres. Certains de ces jeunes candidats m'ont plu au point de leur proposer d'intégrer la brigade de ma brasserie du Grand Théâtre, à Bordeaux. Et cette première saison a bien sûr été l'occasion de révéler le talent de Xavier Koenig.

Lors des éliminatoires d'« Objectif Top Chef », cet Alsacien de 19 ans, déjà Meilleur Apprenti de

France en 2012 et médaille d'or des Olympiades des métiers en 2014, n'est pas celui qui me semblait avoir produit la meilleure assiette. Mais le garçon, à l'époque apprenti au Chambard à Kaysersberg, m'a impressionné par son comportement hyperengagé, vif, réactif, idéal pour une épreuve individuelle comme celle du concours. Sa façon de taper dedans, d'envoyer du lourd, me rappelait clairement le mental que j'avais à son âge en pareille circonstance.

Pour autant, ce n'est pas pour cela que je l'imaginais terminer au sommet de « Top Chef » 2015. Semaine après semaine, le gamin m'a pourtant bluffé par ses connaissances et les progrès qu'il accomplissait. Contrairement à ce qui a parfois été écrit, sa victoire n'a pas été scénarisée. Son titre n'a été entaché d'aucune tricherie. Il est simplement le fruit de son inspiration et de son implication.

*

* *

Le fil conducteur de la transmission guide donc mes activités télévisuelles. Dans « Cauchemar en cuisine » et « Top Chef », ces intentions pédagogiques s'adressent d'abord aux professionnels, qu'ils soient expérimentés ou débutants. Dans l'émission « Les Chefs contre-attaquent » sur M6, dans laquelle j'interviens également aux côtés de confrères comme Cyril Lignac, Ghislaine Arabian ou Yves Camdeborde, il s'agit d'abord d'informer le grand public.

Si, ces dernières années, l'audimat a permis aux cuisiniers de s'affirmer comme porte-voix, pourquoi ne pas en profiter pour participer à des sujets d'investigation d'utilité publique ? Les documentaires associés à l'émission « Les Chefs contre-attaquent » ont ainsi souligné les aberrations du gaspillage alimentaire ou, plus récemment, les mystères du prétendu « made in France ».

Dans ce dernier cas, il s'agissait de dénoncer le manque de traçabilité de produits qui se revendiquent français, puisqu'on s'aperçoit, après enquête, que la moutarde de Dijon est produite en Roumanie, que les escargots de Bourgogne sont ramassés en Pologne et que les champignons de Paris sont cultivés en Chine… Le but n'est pas d'être chauvin, mais de lutter contre l'opacité de l'information. Devenue phénomène de société, la cuisine peut logiquement s'impliquer dans des sujets de société.

Les conseils du chef

Mieux consommer, moins gaspiller, c'est possible, chez vous aussi !

Non au surstockage et au gâchis, veillez à n'acheter que le nécessaire : mieux et moins.

– Pensez vos courses en nombre de repas par jour (3 repas) et par semaine (combien de fois par semaine mangez-vous à la maison et combien êtes-vous ?).

– Petit rappel des portions pour 1 personne : 150 à 200 grammes de viande/poisson, 150 grammes de légumes.

– Rappelez-vous : ce que vous achetez, vous l'avez gagné à la sueur de votre front, ça permet de ne pas en oublier la valeur, non ?

– Ne jetez plus, réutilisez ! Ce qui reste dans le frigo n'est pas voué à la poubelle mais à servir votre créativité. Lancez-vous et apprenez à réinterpréter des produits déjà travaillés. Un exemple tout bête ? Le pain, il ne se jette pas mais se consomme sous de nombreuses formes : frais, toasté, perdu, en chapelure…

– Un excédent ? N'oubliez pas que beaucoup de produits peuvent être congelés sans perdre leurs vertus et bienfaits. À condition, bien sûr, de ne pas oublier de cuisiner ce que vous avez conservé. Faites le plus souvent possible un état des lieux congélo !

– Une astuce : ce n'est pas parce que la date de péremption sur l'emballage est passée que le produit n'est plus bon. La perception personnelle l'emporte toujours sur le tampon.

De manière générale, il faut repenser nos habitudes et mettre fin à la course à l'achat. Le mot d'ordre ? RECYCLAGE.

Conclusion

Dominique dit parfois que la cuisine n'est pas, pour moi, une finalité, mais « un moyen ». Moyen de m'accomplir, de me dépasser, d'avancer dans une vie que j'aime prendre à bras-le-corps avec, sans cesse, l'envie de progresser et de tenter de nouvelles aventures. Si la logique de la pratique familiale ne m'avait pas poussé dans cette direction, sans doute aurais-je trouvé d'autres leviers pour canaliser mon énergie, assouvir mes envies de bâtir et mon goût des défis.

Force pourtant est de reconnaître que, comme le rugby et la boxe que j'ai tant aimé pratiquer, la cuisine s'est révélée une école de vie qui me correspond. L'engouement que suscite aujourd'hui le monde culinaire n'est d'ailleurs peut-être pas étranger aux valeurs qu'il véhicule.

Bien sûr, la gourmandise, l'attrait des beaux produits et de la façon de les sublimer sont pour beaucoup dans ce succès. Mais cet artisanat créatif symbolise aussi un possible épanouissement individuel au cœur d'un travail d'équipe, valorisant des vertus dont on redécouvre aujourd'hui l'importance, dans un contexte de crise avec ce qu'elle implique de découragement et de morosité.

Goût de l'effort, de l'engagement, de l'abnégation, de la précision, de la solidarité, respect de l'expérience et de la discipline, culte de la transmission… Ce n'est pas pour rien, sans doute, que de plus en plus d'entreprises de toutes sortes font appel à moi ou à d'autres cuisiniers pour des séances de coaching qui s'inspirent du fonctionnement d'une brigade de restaurant.

Évidemment, pas question d'enjoliver artificiellement ce monde des fourneaux. Comme le montrent régulièrement mes interventions dans « Cauchemar en cuisine », les coulisses de la profession regorgent de pièges et de moments ingrats. Mais au-delà de ces épreuves demeure aussi la certitude qu'en cuisine, la réussite et la satisfaction procurée à l'autre passent d'abord par le plaisir que l'on a pris soi. Une formule qui, comme les valeurs décrites plus haut, peut être duplicable bien au-delà d'une profession.

Au début des années 1970, Paul Bocuse a été le premier chef à faire sortir les cuisiniers de leurs cuisines, à donner une aura médiatique à un métier jusque-là plus méprisé qu'envié. Depuis dix ans, le phénomène a pris une autre dimension grâce à la caisse de résonance de la télévision et d'Internet. Les cuisiniers démontrant qu'ils peuvent distraire, mais aussi inspirer, sans se cantonner à l'exécution de recettes.

Sans l'avoir rêvé ou programmé, c'est par ce biais que j'ai la chance de faire partager à un plus grand nombre des convictions, des conseils, fruits de mes expériences et de mon tempérament. Une démarche que j'espère revigorante et porteuse d'espoirs, à l'origine aussi de l'idée de ce livre.

Table des matières

Composition : Compo Méca Publishing
64990 Mouguerre

IMPRIM'VERT® PEFC 10-31-1510

Imprimé en France
par Corlet Imprimeur
14110 Condé-sur-Noireau
Dépôt légal : août 2015
N° d'impression : 174701
ISBN : 978-2-7499-2516-5
LAF 1999